LA PHILOSOPHIE MORALE

DE MONSIEUR DESCARTES

TOUCHANT

Les Passions de l'Ame, & par occasion de toutè la Nature de l'Homme ; dernier Ouvrage qu'il a donné au Public.

EDITION NOUVELLE,

*Corrigée & augmentée de diverses Notes par Mr. * * * Professeur en Philosophie.*

A BRUSSELLE,

Chez FRANÇOIS FOPPENS.

M. DCC. VII.

Avec Privilege du Roi.

PREMIERE LETTRE
A MONSIEUR
DESCARTES.

ONSIEUR,

J'avois été bien-aise de vous voir à Paris cet Eté dernier, pource que je pensois que vous y étiez ve- nu à dessein de vous y arrêter, & qu'y aiant plus de commodité qu'en aucun autre lieu pour faire les expériences, dont vous avez témoigné avoir besoin afin d'a- chever les Traitez que vous avez promis au public, vous ne man- queriez pas de tenir vôtre promes- se, & que nous les verrions bien- tôt imprimez. Mais vous m'avez

entiérement ôté cette joie, lors
que vous étes retourné en Hollan-
de : & je ne puis m'abftenir ici de
vous dire, que je fuis encore fâché contre vous, de ce que vous
n'avez pas voulu avant vôtre dé-
part me laiffer voir le Traité des
Paffions, qu'on m'a dit que vous
avez compofé ; outre que faifant
réflexion fur les paroles que j'ai
lûës en une Préface qui fut jointe
il y a deux ans à la verfion Fran-
çoife de vos Principes, où après
avoir parlé fuccinctement des parties de la Philofophie qui doivent
encore être trouvées, avant qu'on
puiffe recueillir fes principaux
fruits, & avoir dit, *que vous ne
vous défiez pas tant de vos forces,
que vous n'ofaffiez entreprendre de
les expliquer toutes, fi vous aviez
la commodité de faire les expériences qui font requifes pour appuier &
juftifier vos raifonnemens ;* Vous
ajoûtez, *qu'il faudroit à celà de
grandes dépenfes, aufquelles un particulier comme vous ne fauroit fuffi-
re.*

re, *s'il n'étoit aidé par le public* ;
Mais que ne voiant pas que vous
deviez attendre cette aide, vous pen-
sez vous devoir contenter d'étudier
d'ores-en-avant pour vôtre inStru-
Ction particuliére ; *& que la poSté-*
rité vous excuSera, Si vous manquez
à travailler deSormais pour elle : Je
crains que ce ne Soit maintenant
tout de bon que vous voulez en-
vier au public le reSte de vos inventions, & que nous n'aurons jamais plus rien de vous, Si nous
vous laiSSons Suivre vôtre inclination. Ce qui eSt cauSe que je me
Suis propoSé de vous tourmenter
un peu par cette Lettre, & de
me vanger de ce que vous m'avez
refuSé vôtre Traité des PaSSions,
en vous reprochant librement la
négligence, & les autres défauts,
que je juge empêcher que vous
ne faSSiez valoir vôtre talent, autant que vous pouvez, & que vôtre devoir vous y oblige. En effet je ne puis croire que ce Soit
autre choSe que vôtre négligen-

* 3   ce,

ce, & le peu de foin que vous avez d'être utile au reste des hommes, qui fait que vous ne continuez pas vôtre Physique. Car encore que je comprenne fort bien qu'il est impossible que vous l'acheviez, si vous n'avez plusieurs expériences, & que ces expériences doivent être faites aux frais du public, à cause que l'utilité lui en reviendra, & que les biens d'un particulier n'y peuvent suffire; Je ne croi pas toutefois que ce soit celà qui vous arrête, pource que vous ne pourriez manquer d'obtenir de ceux qui disposent des biens du public, tout ce que vous sauriez souhaiter pour ce sujet, si vous daigniez leur faire entendre la chose comme elle est, & comme vous la pourriez facilement représenter, si vous en aviez la volonté. Mais vous avez toûjours vêcu d'une façon si contraire à celà, qu'on a sujet de se persuader que vous ne voudriez pas même recevoir aucune aide d'autrui, encore

core qu'on vous l'offriroit : &
néanmoins vous prétendez que la
poſtérité vous excuſera , de ce
que vous ne voulez plus travailler
pour elle , ſur ce que vous ſuppo-
ſez que cette aide vous y eſt né-
ceſſaire , & que vous ne la pouvez obtenir. Ce qui me donne ſujet de penſer , non ſeulement que
vous étes trop négligent ; mais
peut-être auſſi que vous n'avez
pas aſſez de courage pour eſpérer
de parachever , ce que ceux qui
ont lû vos écrits attendent de vous ;
& que néanmoins vous étes aſſez
vain pour vouloir perſuader à ceux
qui viendront après nous , que
vous n'y avez point manqué par
vôtre faute , mais pource qu'on
n'a pas reconnu vôtre vertu comme on devoit , & qu'on a refuſé
de vous aſſiſter en vos deſſeins.
En quoi je voi que vôtre ambition trouve ſon compte , à cauſe
que ceux qui verront vos écrits à
l'avenir , jugeront par ce que vous
avez publié il y a plus de douze

* 4   ans,

ans, que vous aviez trouvé dès ce tems-là tout ce qui a jusques à présent été vû de vous, & que ce qui vous reste à inventer touchant la Physique, est moins difficile que ce que vous en avez déjà expliqué ; en sorte que vous auriez pû depuis nous donner tout ce qu'on peut attendre du raisonnement humain pour la Médecine, & les autres usages de la vie, si vous aviez eu la commodité de faire les expériences requises à cela ; & même que vous n'avez pas sans doute laissé d'en trouver une grande partie : mais qu'une juste indignation contre l'ingratitude des hommes, vous a empêché de leur faire part de vos inventions. Ainsi vous pensez que desormais en vous reposant, vous pourrez acquerir autant de réputation que si vous travailliez beaucoup ; & même peut-être un peu davantage, à cause qu'ordinairement le bien qu'on possède est moins estimé que celui qu'on desire, ou bien

qu'on

qu'on regrette. Mais je vous veux
ôter le moien d'aquérir ainſi de la
réputation ſans la mériter : & bien
que je ne doute pas que vous ne
ſachiez ce qu'il faudroit que vous
euſſiez fait , ſi vous aviez voulu
être aidé par le public, je le veux
néanmoins ici écrire ; & même
je ferai imprimer cette Lettre,
afin que vous ne puiſſiez préten-
dre de l'ignorer ; & que ſi vous
manquez ci-après à nous ſatisfaire,
vous ne puiſſiez plus vous excuſer
ſur le ſiécle. Sachez donc que ce
n'eſt pas aſſez pour obtenir quelque choſe du public , que d'en
avoir touché un mot en paſſant,
en la Préface d'un Livre, ſans dire expreſſément que vous la deſi-
rez & l'attendez, ni expliquer les
raiſons qui peuvent prouver, non
ſeulement que vous la méritez ;
mais auſſi qu'on a très-grand intérêt de vous l'accorder , & qu'on
en doit attendre beaucoup de profit. On eſt accoutumé de voir,
que tous ceux qui s'imaginent
                              qu'ils

qu'ils valent quelque chose, en font
tant de bruit, & demandent avec
tant d'importunité ce qu'ils pré-
tendent, & promettent tant au-
delà de ce qu'ils peuvent, que lors
que quelqu'un ne parle de soi qu'a-
vec modestie, & qu'il ne requiert
rien de personne, ni ne promet
rien avec asseurance, quelque
preuve qu'il donne d'ailleurs de
ce qu'il peut, on n'y fait pas de
réflexion, & on ne pense aucunement à lui.

Vous direz peut-être que vôtre humeur ne vous porte pas à
rien demander, ni à parler avan-
tageusement de vous-même, pource que l'un semble être une marque de bassesse, & l'autre d'orgueil. Mais je prétens que cette
humeur se doit corriger, & qu'elle vient d'erreur & de foiblesse,
plutôt que d'une honnête pudeur
& modestie. Car pour ce qui est
des demandes, il n'y a que celles
qu'on fait pour son propre besoin,
à ceux de qui on n'a aucun droit
de

de rien exiger , deſquelles on ait ſujet d'avoir quelque honte. Et tant s'en faut qu'on en doive avoir de celles qui tendent à l'utilité & au profit de ceux à qui on les fait; qu'au contraire on en peut tirer de la gloire , principalement lors qu'on leur a déja donné des choſes qui valent plus que celles qu'on veut obtenir d'eux. Et pour ce qui eſt de parler avantageuſement de ſoi-même , il eſt vrai que c'eſt un orgueil très-ridicule & très-blâmable , lors qu'on dit de ſoi des choſes qui ſont fauſſes; & même que c'eſt une vanité mépriſable , encore qu'on n'en diſe que de vraies , lors qu'on le fait par oſtentation , & ſans qu'il en revienne aucun bien à perſonne. Mais lors que ces choſes ſont telles qu'il importe aux autres de les ſavoir , il eſt certain qu'on ne les peut taire que par une humilité vicieuſe , qui eſt une eſpéce de lâcheté & de foibleſſe. Or il importe beaucoup au public d'être

aver-

averti de ce que vous avez trouvé dans les fciences , afin que jugeant par là de ce que vous y pouvez encore trouver , il foit incité
à contribuër tout ce qu'il peut pour
vous y aider, comme à un travail
qui a pour but le bien général de
tous les hommes. Et les chofes
que vous avez déja données, à
favoir les véritez importantes que
vous avez expliquées dans vos
Ecrits, valent incomparablement
davantage que tout ce que vous
fauriez demander pour ce fujet.

Vous pouvez dire auffi que vos
Oeuvres parlent affez , fans qu'il
foit befoin que vous y ajoûtiez
les promeffes & les vanteries, lef-
quelles étant ordinaires aux Charlatans qui veulent tromper, femblent ne pouvoir être bien-féan-
tes à un homme d'honneur qui
cherche feulement la vérité. Mais
ce qui fait que les Charlatans font
blâmables , n'eft pas que les chofes qu'ils difent d'eux-mêmes font
gran-

grandes & bonnes ; c'eſt ſeulement qu'elles ſont fauſſes, & qu'ils
ne les peuvent prouver : au lieu
que celles que je prétens que vous
devez dire de vous, ſont ſi vraies,
& ſi évidemment prouvées par vos
Ecrits, que toutes les régles de la
bien-ſéance vous permettent de les
aſſurer, & celles de la charité
vous y obligent, à cauſe qu'il importe aux autres de les ſavoir. Car
encore que vos écrits parlent aſſez
au regard de ceux qui les exami-
nent avec ſoin, & qui ſont capables de les entendre ; toutefois
celà ne ſuffit pas pour le deſſein
que je veux que vous aiez, à cauſe qu'un chacun ne les peut pas
lire, & que ceux qui manient les
affaires publiques n'en peuvent
guére avoir le loiſir. Il arrive
peut-être bien que quelqu'un de
ceux qui les ont lûs leur en parle ;
mais quoi qu'on leur en puiſſe dire, le peu de bruit qu'ils ſavent
que vous faites, & la trop grande modeſtie que vous avez toûjours
ob-

obſervée en parlant de vous, ne permet pas qu'ils y faſſent beaucoup de réflexion. Même à cauſe qu'on uſe ſouvent auprès d'eux de tous les termes les plus avantageux qu'on puiſſe imaginer, pour louër des perſonnes qui ne ſont que fort médiocres, ils n'ont pas ſujet de prendre les louanges immenſes, qui vous ſont données par ceux qui vous connoiſſent, pour des véritez bien exactes. Au lieu que lors qne quelqu'un parle de ſoi-même, & qu'il en dit des choſes très-extraordinaires, ou l'écoute avec plus d'attention ; principalement lors que c'eſt un homme de bonne naiſſance, & qu'on ſait n'être point d'humeur ni de condition à vouloir faire le Charlatan. Et pource qu'il ſe rendroit ridicule s'il uſoit d'hyperboles en telle occaſion, ſes paroles ſont priſes en leur vrai ſens ; & ceux qui ne les veulent pas croire, ſont au moins incitez par leur curioſité, ou par leur jalouſie, à examiner

si elles sont vraies. C'est pourquoi
étant très-certain , & le public
aiant grand intérêt de savoir qu'il
n'y a jamais eu au monde que vous
seul (au moins dont nous aions les
écrits) qui ait découvert les vrais
principes , & reconnu les prémié-
res causes de tout ce qui est produit en la nature ; Et qu'aiant déja rendu raison par ces principes ,
de toutes les choses qui paroissent
& s'observent le plus communément dans le monde , il vous faut
seulement avoir des observations
plus particuliéres pour trouver en
même façon les raisons de tout ce
qui peut être utile aux hommes
en cette vie , & ainsi nous donner une très-parfaite connoissance
de la nature de tous les minéraux,
des vertus de toutes les plantes ,
des propriétez des animaux , &
généralement de tout ce qui peut
servir pour la Médecine & les autres Arts. Et enfin que ces observations particuliéres ne pouvant
être toutes faites en peu de tems

sans

fans grande dépenfe, tous les peuples de la terre y devroient à l'en-
vi contribuer , comme à la chofe du monde la plus importante ,
& à laquelle ils ont tous égal intérêt. Celà dis-je étant très-certain,
& pouvant affez être prouvé par
les Ecrits que vous avez déja fait
imprimer , vous le devriez dire fi
haut , le publier avec tant de foin,
& le mettre fi expreffément dans
tous les titres de vos Livres, qu'il
ne pût d'ores-en-avant y avoir
perfonne qui l'ignorât. Ainfi vous
feriez au moins d'abord naître l'envie à plufieurs d'examiner ce qui
en eft ; & d'autant qu'ils s'en en-
quéreroient davantage, & liroient
vos Ecrits avec plus de foin, d'autant connoîtroient-ils plus clairement que vous ne vous feriez point
vanté à faux.

Et il y a principalement trois
points que je voudrois que vous
fiffiez bien concevoir à tout le
monde. Le premier eft , qu'il y
a une infinité de chofes à trouver

ver en la Physique, qui peuvent être extrêmement utiles à la vie; le second, qu'on a grand sujet d'attendre de vous l'invention de ces choses; & le troisiéme, que vous en pourrez d'autant plus trouver que vous aurez plus de commoditez pour faire quantité d'expériences. Il est à propos qu'on soit averti du premier point, à cause que la plûpart des hommes ne pensent pas qu'on puisse rien trouver dans les sciences, qui vaille mieux que ce qui a été trouvé par les anciens; & même que plusieurs ne conçoivent point ce que c'est que la Physique, ni à quoi elle peut servir. Or il est aisé de prouver que le trop grand respect qu'on porte à l'Antiquité, est une erreur qui préjudicie extrêmement à l'avancement des sciences. Car on voit que les peuples sauvages de l'Amérique, & aussi plusieurs autres qui habitent des lieux moins éloignez, ont beaucoup moins de commoditez pour la vie que nous

* *   n'en

n'en avons , & toutefois qu'ils font d'une origine auffi ancienne que la nôtre , en forte qu'ils ont autant de raifon que nous de dire, qu'ils fe contentent de la fageffe de leurs péres , & qu'ils ne croient que perfonne leur puiffe rien enfeigner de meilleur, que ce qui a été fû & pratiqué de toute antiquité parmi eux. Et cette opinion eft fi préjudiciable, que pendant qu'on ne la quitte point , il eft certain qu'on ne peut acquérir aucune nouvelle capacité. Auffi voit-on par expérience , que les peuples en l'efprit defquels elle eft le plus enracinée , font ceux qui font demeurez les plus ignorans , & les plus rudes. Et pource qu'elle eft encore affez fréquente parmi nous, cela peut fervir de raifon pour prouver , qu'il s'en faut beaucoup que nous ne fachions tout ce que nous fommes capables de favoir. Ce qui peut auffi fort clairement être prouvé par plufieurs inventions très-utiles, comme font *l'ufage de la*

*La bouſſole, l'art d'imprimer, les
lunettes d'approche,* & ſemblables,
qui n'ont été trouvées qu'aux derniers ſiécles, bien qu'elles ſemblent maintenant aſſez faciles à
ceux qui les ſavent. Mais il n'y a
rien en quoi le beſoin que nous
avons d'acquérir de nouvelles con-
noiſſances, paroiſſe mieux qu'en
ce qui regarde la Médecine. Car
bien qu'on ne doute point que
Dieu n'ait pourvû cette terre de
toutes les choſes qui ſont néceſſaires aux hommes, pour s'y con-
ſerver en parfaite ſanté juſques à
une extrême vieilleſſe ; & bien
qu'il n'y ait rien au monde ſi deſi-
rable que la connoiſſance de ces
choſes, en ſorte qu'elle a été autrefois la principale étude des
Rois & des Sages, toutefois
l'expérience montre qu'on eſt encore ſi éloigné de l'avoir toute,
que ſouvent on eſt arrêté au lit
par de petits maux, que tous les
plus ſavans Medecins ne peuvent
connoître, & qu'ils ne font qu'ai-

** 2

grir

grir par leurs remédes, lorsqu'ils entreprennent de les chaſſer. En quoi le défaut de leur Art, & le beſoin qu'on a de le perfectionner, ſont ſi évidens, que pour ceux qui ne conçoivent pas ce que c'eſt que la Phyſique, il ſuffit de leur dire qu'elle eſt la ſcience qui doit enſeigner à connoître ſi parfaitement la nature de l'homme, & de toutes les choſes qui lui peuvent ſervir d'alimens ou de remédes, qu'il lui ſoit aiſé de s'exempter par ſon moien de toutes ſortes de maladies. Car ſans parler de ſes autres uſages, celui-là ſeul eſt aſſez important, pour obliger les plus inſenſibles à favoriſer les deſſeins d'un homme, qui a déja prouvé par les choſes qu'il a inventées, qu'on a grand ſujet d'attendre de lui tout ce qui reſte encore à trouver en cette ſcience.

Mais il eſt principalement beſoin que le monde ſache que vous avez prouvé celà de vous. Et à cet effet il eſt neceſſaire que vous faſ-
ſiez

fiez un peu de violence à votre humeur, & que vous chaffiez cette trop grande modeftie, qui vous a empêché jufques ici, de dire de vous & des autres tout ce que vous étes obligé de dire. Je ne veux point pour celà vous commettre avec les doctes de ce fiécle : la plufpart de ceux aufquels on donne ce nom, à favoir tous ceux qui cultivent ce qu'on appelle communément les belles lettres, & tous les Jurifconfultes, n'ont aucun intêret à ce que je prétens que vous devez dire. Les Theologiens auffi & les Médecins n'y en ont point, fi ce n'eft entant que Philofophes. Car la Théologie ne dépend aucunement de la Phyfique, ni même la Médecine, en la façon qu'elle eft aujourd'hui pratiquée par les plus doctes & les plus prudens en cet art : ils fe contentent de fuivre les maximes ou les régles qu'une longue expérience a enfeignées, & ils ne méprifent pas tant la vie des

** 3   hom-

hommes, que d'appuier leurs jugemens, desquels souvent elle dépend, sur les raisonnemens incer-
tains de la Philosophie de l'Ecole.
Il ne reste donc que les Philosophes, entre lesquels tous ceux qui
ont de l'esprit sont déja pour vous,
& seront très-aises de voir que
vous produisiez la vérité, en telle sorte que la malignité des Pédans ne la puisse opprimer. De
façon que ce ne sont que les seuls
Pédans, qui se puissent offenser
de ce que vous aurez à dire; &
pource qu'ils sont la risée & le mépris de tous les plus honnêtes
gens, vous ne devez pas fort vous
soucier de leur plaire: Outre que
votre réputation vous les a déja
rendus autant ennemis qu'ils sauroient être; Et au lieu que votre modestie est cause que maintenant quelques-uns d'eux ne craignent pas de vous attaquer, je
m'assûre que si vous vous faisiez
autant valoir que vous pouvez, &
que vous devez, ils se verroient

si

ſi bas au-deſſous de vous , qu'il
n'y en auroit aucun qui n'eût honte de l'entreprendre. Je ne voi donc
point qu'il y ait rien qui vous doive
empécher de publier hardiment,
tout ce que vous jugerez pouvoir
ſervir à votre deſſein ; & rien ne
me ſemble y être plus utile , que
ce que vous avez déja mis en une
Lettre adreſſée au R. Pére Di-
net , laquelle vous fîtes imprimer
il y a ſept ans, pendant qu'il étoit
Provincial des Jeſuites de France. *Non ibi*, diſiez-vous en parlant des Eſſais que vous aviez publiez cinq ou ſix ans auparavant,
unam aut alteram , ſed plus ſexcen-
tis quæſtionibus explicui , quæ ſic à
nullo ante me fuerant explicatæ; ac
quamvis multi haƈtenus mea ſcri-
pta tranſverſis oculis inſpexerint ,
modiſque omnibus refutare conati
ſint , nemo tamen , quod ſciam ,
quicquam non verum potuit in iis re-
perire: Fiat enumeratio quæſtionum
omnium , quæ in tot ſeculis , quibus
alia Philoſophiæ viguerunt , ipſarum

** 4   ope

ope soluta sunt , & forté nec tam multa , nec tam illustres invenientur. Quinimò profiteor ne unius quidem quaestionis solutionem, ope principiorum Peripateticae Philosophiae peculiarium , datam unquam fuisse , quam non possim demonstrare esse illegitimam & falsam. Fiat periculum ; proponantur, non quidem omnes (neque enim operae pretium puto multum temporis eâ in re impendere) sed pauca aliqua selectiores; stabo promissis, &c. Ainsi malgré toute votre modestie, la force de la vérité vous a contraint d'écrire en cet endroit-là , que vous aviez déjà expliqué dans vos premiers Essais , qui ne contiennent quasi que la Dioptrique & les Météores, plus de six cens questions de Philosophie, que personne avant vous n'avoit sçû si bien expliquer ; Et qu'encore que plusieurs eussent regardé vos écrits de travers, & cherché toutes sortes de moiens pour les réfuter , vous ne saviez point toutefois que personne y eût

eût encore pû rien remarquer qui
ne fût pas vrai. A quoi vous ajoûtez, que si on veut compter une par
une les questions qui ont pû être
resoluës par toutes les autres façons de philosophie , qui ont eu
cours depuis que le monde est, on
ne trouvera peut-être pas qu'elles
soient en si grand nombre , ni si
notables. Outre celà vous assurez
que par les principes, qui sont
particuliers à la Philosophie qu'on
attribue à Aristote , & qui est la
seule qu'on enseigne maintenant
dans les Ecoles, on n'a jamais sçu
trouver la vraie solution d'aucune
question ; Et vous défiez expres-
sément tous ceux qui enseignent,
d'en nommer quelqu'une qui ait
été si bien résoluë par eux , que
vous ne puissiez montrer aucune
erreur en leur solution. Or ces
choses aiant été écrites à un Provincial des Jesuites , & publiées
il y a déjà plus de sept ans , il n'y
a point de doute que quelques-uns
des plus capables de ce grand

corps,

corps, auroient tâché de les réfuter, si elles n'étoient pas entiérement vraies, ou seulement si
elles pouvoient être disputées avec
quelque apparence de raison. Car
nonobstant le peu de bruit que
vous faites, chacun sait que votre
réputation est déja si grande, &
qu'ils ont tant d'intérêt à mainte-
nir que ce qu'ils enseignent n'est
point mauvais, qu'ils ne peuvent
dire qu'ils l'ont négligé. Mais tous
les doctes savent assez, qu'il n'y
a rien en la Physique de l'Ecole
qui ne soit douteux ; & ils savent
aussi qu'en telle matiére être douteux, n'est guére meilleur qu'ê-
tre faux, à cause qu'une science
doit être certaine & démonstrati-
ve : de façon qu'ils ne peuvent
trouver étrange que vous aiez assuré que leur Physique ne contient
la vraie solution d'aucune question.
Car celà ne signifie autre chose,
sinon qu'elle ne contient la dé-
monstration d'aucune vérité que
les autres ignorent. Et si quelqu'un

qu'un d'eux examine vos écrits
pour les réfuter, il trouve tout au
contraire, qu'ils ne contiennent
que des démonſtrations touchant
des matiéres qui étoient auparavant ignorées de tout le monde.
C'eſt pourquoi étant ſages & avi-
ſez comme ilsſont, je ne m'étonne pas qu'ils ſe taiſent ; mais je
m'étonne que vous n'aiez encore
daigné tirer aucun avantage de
leur ſilence, à cauſe que vous ne
ſauriez rien ſouhaitter qui faſſe
mieux voir combien votre Phyſique différe de celles des autres. Et
il importe qu'on remarque leur
différence, afin que la mauvaiſe
opinion que ceux qui font emploiez
dans les affaires, & qui y réüſſiſ-
ſent le mieux, ont coutume d'a-
voir de la Philoſophie, n'empêche pas qu'ils ne connoiſſent le
prix de la vôtre. Car ils ne jugent
ordinairement de ce qui arrivera,
que par ce qu'ils ont déjà vû arriver ; & pource qu'ils n'ont jamais
apperçu que le public ait recueil-

li

li aucun autre fruit de la Philosophie de l'Ecole, finon qu'elle a
rendu quantité d'hommes Pédans,
ils ne fauroient pas imaginer qu'on
en doive attendre de meilleurs de
la vôtre, fi ce n'eft qu'on leur
faffe confidérer que celle-ci étant
toute vraie, & l'autre toute fauffe, leurs fruits doivent être entiérement différens. En effet c'eft
un grand argument, pour prouver qu'il n'y a point de vérité en
la Phyfique de l'Ecole, que de
dire qu'elle eft inftituée pour enfeigner toutes les inventions utiles
à la vie ; & que néanmoins, bien
qu'il en ait été trouvé plufieurs de
tems en tems, ce n'a jamais été
par le moien de cette Phyfique,
mais feulement par hazard & par
ufage ; ou bien fi quelque fcience
y a contribué, ce n'a été que la
Mathématique : & elle eft auffi
la feule de toutes les fciences humaines, en laquelle on ait ci-devant pû trouver quelques véritez
qui ne peuvent être mifes en doute.

te. Je sai bien que les Philosophes
la veulent recevoir pour une partie de leur Physique : mais pource qu'ils l'ignorent presque tous,
& qu'il n'est pas vrai qu'elle en soit
une partie ; mais au contraire que
la vraie Physique est une partie de
la Mathématique, celà ne peut
rien faire pour eux. Mais la cer-
titude qu'on a déja reconnuë dans
la Mathématique fait beaucoup
pour vous. Car c'est une science
en laquelle il est si constant que
vous excellez, & vous avez tellement en celà surmonté l'envie,
que ceux même qui font jaloux
de l'estime qu'on fait de vous pour
les autres sciences, ont coutume
de dire que vous surpaffez tous les
autres en celle-ci, afin qu'en vous
accordant une louange qu'ils savent ne vous pouvoir être difpu-
tée, ils foient moins foupçonnez
de calomnie, lors qu'ils tâchent
de vous en ôter quelques autres.
Et on voit en ce que vous avez
publié de Géométrie, que vous

y

y déterminez tellement jusquas où
l'esprit humain peut aller, & quelles sont les solutions qu'on peut
donner à chaque sorte de difficultez, qu'il semble que vous avez
recueilli toute la moisson, dont
les autres qui ont écrit avant vous
ont seulement pris quelques é-
pics, qui n'étoient pas encore
mûrs, & tous ceux qui viendront
après ne peuvent être que comme
des glaneurs, qui ramasseront ceux
que vous leur avez voulu laisser :
Outre que vous avez montré par
la solution prompte & facile de
toutes les questions, que ceux qui
vous ont voulu tenter ont propo-
sées, que la Méthode dont vous
usez à cet effet est tellement infaillible, que vous ne manquez jamais de trouver par son moien,
touchant les choses que vous exa-
minez, tout ce que l'esprit humain peut trouver : De façon que
pour faire qu'on ne puisse douter,
que vous ne soiez capable de mettre la Physique en sa derniére per-
fe-

section, il faut seulement que vous prouviez, qu'elle n'est autre chose qu'une partie de la Mathématique. Et vous l'avez déjà très-clairement prouvé dans vos Principes, lors qu'en y expliquant toutes les qualitez sensibles, sans rien considérer que les grandeurs, les figures, & les mouvemens, vous avez montré que ce monde visible, qui est tout l'objet de la Physique, ne contient qu'une petite partie des corps infinis, dont on peut imaginer que toutes les propriétez ou qualitez, ne consistent qu'en ces mêmes choses, au lieu que l'objet de la Mathématique les contient tous. Le même peut aussi être prouvé par l'expérience de tous les siécles. Car encore qu'il y ait eu de tout tems plusieurs des meilleurs esprits, qui se sont emploiez à la recherche de la Physique, on ne sauroit dire que jamais personne y ait rien trouvé (c'est-à-dire, soit parvenu à aucune vraie connoissance touchant la nature des cho-

choſes corporelles) par quelque principe qui n'appartienne pas à la Mathématique : Au lieu que par ceux qui lui appartiennent , on a déja trouvé une infinité de choſes très-utiles , à ſavoir preſque tout ce qui eſt connu en l'Aſtronomie, en la Chirurgie , & en tous les Arts Méchaniques ; dans leſquels s'il y a quelque choſe de plus que ce qui appartient à cette ſcience, il n'eſt pas tiré d'aucune autre : mais ſeulement de certaines obſer-vations dont on ne connoît point les vraies cauſes. Ce qu'on ne ſau-roit conſidérer avec attention , ſans être contraint d'avouër, que c'eſt par la Mathématique ſeule qu'on peut parvenir à la connoiſſanre de la vraie Phyſique. Et d'autant qu'on ne doute point que vous n'excelliez en celle-là , il n'y a rien qu'on doive attendre de vous en celle-ci. Toutefois il reſte en-core un peu de ſcrupule , en ce qu'on voit que tous ceux qui ont acquis quelque réputation par la
Ma-

Mathématique, ne font pas pour celà capables de rien trouver en la Physique, & même que quelques-uns d'eux comprennent moins les choses que vous en avez écrites, que plusieurs qui n'ont jamais ci-devant appris aucune science. Mais on peut répondre à celà, que bien que sans doute ce soient ceux qui ont l'esprit le plus propre à concevoir les veritez de la Mathématique, qui entendent le plus facilement vôtre Physique, à cause que tous les raisonnemens de celle-ci sont tirez de l'autre ; Il n'arrive pas toûjours que ces mêmes aient la réputation d'être les plus savans en Mathématique : à cause que pour acquérir cette réputation, il est besoin d'étudier les livres de ceux qui ont déja écrit de cette science, ce que la plûpart ne font pas ; & souvent ceux qui les étudient, tâchent d'obtenir par travail ce que la force de leur esprit ne leur peut donner, fatiguent trop leur imagination, &

* * *

mê-

même la blessent , & acquiérent
avec celà plusieurs préjugez : ce
qui les empêche bien plus de concevoir les veritez que vous écri-
vez , que de passer pour grands
Mathématiciens ; à cause qu'il y
a si peu de personnes qui s'appli-
quent à cette science, que souvent
il n'y a qu'eux en tout un païs : &
encore que quelquefois il y en ait
d'autres , ils ne laissent pas de faire beaucoup de bruit , d'autant
que le peu qu'ils savent leur a coû-
té beaucoup de peine. Au reste il
n'est pas mal-aisé de concevoir les
véritez qu'un autre a trouvées ; il
suffit à celà d"avoir l'esprit déga-
gé de toutes sortes de faux préjugez , & d'y vouloir appliquer assez son attention. Il n'est pas aussi
fort difficile d'en rencontrer quelques-unes détachées des autres,
ainsi qu'ont fait autrefois Thales,
Pythagore , Archiméde , & en
nôtre siecle Gilbert, Képler, Ga-
lilée , Harveïus , & quelques autres. Enfin on peut sans beaucoup
de

de peine imaginer un corps de Philosophie, moins monstrueux, &
appuié sur des conjectures plus
vrai-semblables que n'est celui
qu'on tire des écrits d'Aristote :
ce qui a été fait aussi par quelques-
uns en ce siécle. Mais d'en former un qui ne contienne que des
véritez, prouvées par des démon-
strations aussi claires & aussi certaines que celles des Mathémati-
ques, c'est chose si difficile, &
si rare, que depuis plus de cinquante siécles, que le monde a
déjà duré, il ne s'est trouvé que
vous seul qui avez fait voir par vos
écrits, que vous en pouviez venir
à bout. Mais comme lors qu'un
Architecte a posé tous les fondemens, & élevé les principales mu-
railles de quelque grand bâtiment,
on ne doute point qu'il ne puisse
conduire son dessein jusques à la
fin, à cause qu'on voit qu'il a déja fait ce qui étoit le plus difficile;
ainsi ceux qui ont lû avec attention le Livre de vos Principes,

 con-

confidérans comment vous y avez
polé les fondemens de toute la
Philofophie naturelle , & combien font grandes les fuites de véritez que vous en avez déduites,
ne peuvent douter que la Méthode dont vous ufez ne foit fuffifan-
te , pour faire que vous acheviez
de trouver tout ce qui peut être
trouvé en la Phyfique ; à caufe
que les chofes que vous avez déjà
expliquées , à favoir la nature de
l'aimant, du feu, de l'air, de l'eau,
de la terre, & de tout ce qui paroît dans les Cieux , ne femblent
point être moins difficiles que celles qui peuvent encore être defi-
rées.

Toutefois il faut ici ajoûter,
que tant expert qu'un Architecte
foit en fon Art, il eft impoffible
qu'il acheve le bâtiment, qu'il a
commencé , fi les matériaux qui
doivent y être emploiez lui manquent. Et en même façon que tant
parfaite que puiffe être vôtre Méthode, elle ne peut faire que vous
pour-

pourſuiviez en l'explication des cauſes naturelles, ſi vous n'avez point les expériences qui ſont requiſes pour déterminer leurs effets. Ce qui eſt le dernier des trois points que je croi devoir être principalement expliquez, à cauſe que la plûpart des hommes ne conçoivent pas combien ces expériences ſont néceſſaires, ni quelle dépenſe y eſt requiſe. Ceux qui ſans ſortir de leur cabinet, ni jetter les yeux ailleurs que ſur leurs Livres, entreprennent de diſcourir de la Nature, peuvent bien dire en quelle façon ils auroient voulu créer le monde, ſi Dieu leur en avoit donné la charge & le pouvoir; c'eſt-à-dire, ils peuvent décrire des Chiméres, qui ont autant de rapport avec la foibleſſe de leur eſprit, que l'admirable beauté de cet Univers avec la puiſſance infinie de ſon Autheur : mais à moins que d'avoir un eſprit vraîment divin, ils ne peuvent ainſi former d'eux-mêmes une idée des

                    cho-

chofes, qui foit femblable à celle
que Dieu a euë pour les créer. Et
quoi que vôtre Méthode promet-
te tout ce qui peut être efpéré de
l'efprit humain, touchant la recherche de la vérité dans les fciences, elle ne promet pas néanmoins
d'enfeigner à deviner : mais feulement à déduire de certaines chofes données toutes les véritez qui
peuvent en être déduites : & ces
chofes données en la Phyfique ne
peuvent être que des expériences.
Même à caufe que ces expériences font de deux fortes ; les unes
faciles, & qui ne dépendent que
de la réflexion qu'on fait fur les
chofes qui fe préfentent au fens
d'elles-mêmes ; les autres plus rares & difficiles, aufquelles on ne
parvient point fans quelque étude
& quelque dépenfe : on peut remarquer que vous avez déja mis
dans vos Ecrits tout ce qui femble
pouvoir être déduit des expériences faciles, & même auffi de celles des plus rares que vous avez pû

ap-

apprendre des Livres. Car outre que vous y avez expliqué la nature de toutes les qualitez qui meuvent les fens, & de tous les corps qui font les plus communs fur cette terre, comme du feu, de l'air, de l'eau, & de quelques autres ; vous y avez auſſi rendu raiſon de tout ce qui a été obſervé juſques à préſent dans les Cieux, de toutes les propriétez de l'aimant, & de pluſieurs obſervations de la Chymie. De façon qu'on n'a point de raiſon d'attendre rien davantage de vous, touchant la Phyſique, juſques à ce que vous aiez davantage d'expériences, deſquelles vous puiſſiez rechercher les cauſes. Et je ne m'étonne pas que vous n'entrepreniez point de faire ces expériences à vos dépens : Car je ſai que la recherche des moindres choſes coûte beaucoup ; & ſans mettre en compte les Alchimiſtes, ni tous les autres chercheurs de ſecrets, qui ont coûtume de ſe ruiner à ce métier, j'ai ouï dire que la ſeule

pier-

pierre d'aimant a fait dépenser plus
de cinquante mil écus à Gilbert,
quoi qu'il fût homme de très-bon
esprit, comme il a montré en ce qu'il
a été le premier qui a découvert les
principales proprietez de cette pierre. J'ai vû aussi l'*Instauratio magna*
& le *Novus Atlas* du Chancelier
Bacon, qui me semble être, de
tous ceux qui ont écrit avant
vous, celui qui a eu les meilleures pensées, touchant la Méthode qu'on doit tenir pour conduire
la Physique à sa perfection : mais
tout le revenu de deux ou trois
Rois, des plus puissans de la terre, ne suffiroit pas pour mettre
en exécution toutes les choses qu'il
requiert à cet effet. Et bien que
je ne pense point que vous aiez
besoin de tant de sortes d'expériences qu'il en imagine, à cause que
vous pouvez suppléer à plusieurs,
tant par vôtre adresse, que par la
connoissance des véritez que vous
avez déja trouvées ; toutefois considérant que le nombre des corps

par-

particuliers qui vous reſtent encore à examiner eſt preſque infini,
qu'il n'y en a aucun qui n'ait aſſez de diverſes propriétez , &
dont on ne puiſſe faire aſſez grand
nombre d'épreuves , pour y emploier tout le loiſir & tout le travail de pluſieurs hommes ; Que
ſuivant les régles de vôtre Méthode il eſt beſoin que vous exami-
niez en même tems toutes les choſes qui ont entre elles quelque af-
finité , afin de remarquer mieux
leurs différences , & de faire des
dénombremens qui vous aſſûrent;
Que vous pouvez ainſi utilement
vous ſervir en un même tems de
plus de diverſes expériences,que le
travail d'un très-grand nombre
d'hommes adroits n'en ſauroit
fournir ; Et enfin , que vous ne
ſauriez avoir ces hommes adroits
qu'à force d'argent , à cauſe que
ſi quelques-uns s'y vouloient gra-
tuitement emploier , ils ne s'aſſu-
jettiroient pas aſſez à ſuivre vos or-
dres , & ne feroient que vous
don-

donner occasion de perdre du tems:
Confidérant, dis-je, toutes ces chofes, je comprens aifément que
vous ne pouvez achever digne-
ment le deffein que vous avez commencé dans vos Principes, c'eſt-
à-dire, expliquer en particulier
tous les mineraux, les plantes,
les animaux, & l'homme, en la
même façon que vous y avez deja
expliqué tous les élémens de la
terre, & tout ce qui s'obſerve
dans les Cieux, ſi ce n'eſt que le
public fourniſſe les frais qui ſont
requis à cet effet, & que d'autant qu'ils vous feront plus libéra-
lement fournis, d'autant pourrez
vous mieux executer vôtre deſſein.

Or à cauſe que ces mêmes choſes peuvent auſſi fort aifément être
compriſes par un chacun, & ſont
toutes ſi vraies qu'ellés ne peuvent
être miſes en doute, je m'aſſure
que ſi vous les repréſentiez en telle ſorte, qu'elles vinſſent à la connoiſſance de ceux, à qui Dieu

aiant

aiant donné le pouvoir de com-
mander aux peuples de la terre, a
auſſi donné la charge & le ſoin de
faire tous leurs efforts pour avancer le bien du public, il n'y auroit aucun d'eux qui ne voulût contribuer à un deſſein ſi manifeſte-
ment utile à tout le monde. Et
bien que notre France, qui eſt
votre Patrie, ſoit un Etat ſi puiſ-
ſant qu'il ſemble que vous pourriez
obtenir d'elle ſeule tout ce qui eſt
requis à cet effet, toutefois à
cauſe que les autres nations n'y ont
pas moins d'intérêt qu'elle, je
m'aſſure que pluſieurs ſeroient aſſez généreuſes pour ne lui pas cé-
der en cet office, & qu'il n'y en
auroit aucune qui fût ſi barbare
que de ne vouloir point y avoir
part.

Mais ſi tout ce que j'ai écrit ici
ne ſuffit pas, pour faire que vous
changiez d'humeur, je vous prie
au moins de m'obliger tant, que
de m'envoier votre Traité des
Paſſions, & de trouver bon que

j'y

j'y ajoûte une Préface avec laquelle il soit imprimé. Je tâcherai de
la faire en telle sorte, qu'il n'y
aura rien que vous puissiez desap-
prouver, & qui ne soit si confor-
me au sentiment de tous ceux qui
ont de l'esprit & de la vertu,
qu'il n'y en aura aucun qui après
l'avoir lûë, ne participe au zéle
que j'ai pour l'accroissement des
sciences, & pour être, &c.

De Paris, le 6. Novembre **1648.**

R E'-

RÉPONSE

A la Lettre précédente.

MONSIEUR,

Parmi les injures & les repro-
ches que je trouve en la grande
Lettre que vous avez pris la peine
de m'écrire, j'y remarque tant de
choses à mon avantage, que si
vous la faisiez imprimer, ainsi que
vous déclarez vouloir faire, j'aurois peur qu'on ne s'imaginât qu'il
y a plus d'intelligence entre nous
qu'il n'y en a, & que je vous ai
prié d'y mettre plusieurs choses
que la bien-séance ne permettoit
pas que je fisse moi-même savoir
au public. C'est pourquoi je ne
m'arrêterai pas ici à y répondre
de point en point : je vous dirai
seulement deux raisons qui me
semblent vous devoir empêcher de
la publier. La première est , que

je

je n'ai aucune opinion que le deffein que je juge que vous avez eu
en l'écrivant puiffe réüffir. La fe-
conde , que je ne fuis nullement
de l'humeur que vous vous imagi-
nez , que je n'ai aucune indignation , ni aucun dégoût , qui m'ô-
te le defir de faire tout ce qui fera
en mon pouvoir pour rendre fer-
vice au public, auquel je m'eftime
très-obligé, de ce que les Ecrits que
j'ai publiez ont été favorablement
reçus de plufieurs. Et que je ne
vous ai ci-devant refufé ce que j'a-
vois écrit des Paffions , qu'afin
de n'être point obligé de le faire
voir à quelques autres qui n'en
euffent pas fait leur profit. Car
d'autant que je ne l'avois compofé
que pour être lû par une Princef-
fe , dont l'efprit eft tellement au-
deffus du commun , qu'elle con-
çoit fans aucune peine ce qui femble être le plus difficile à nos Do-
cteurs , je ne m'étois arrêté à y
expliquer que ce que je penfois
être nouveau. Et afin que vous ne
dou-

doutiez pas de mon dire, je vous
promets de revoir cet écrit des
Passions, & d'y ajoûter ce que je
jugerai être nécessaire pour le rendre plus intelligible, & qu'après
celà je vous l'envoierai pour en
faire ce qu'il vous plaira ; Car je
suis, &c.

D'Egmont, *le 4. Decembre,* 1648.

S E.

SECONDE LETTRE

A MONSIEUR

DESCARTES.

MONSIEUR,

Il y a si long-tems que vous m'ayez fait attendre votre Traité des Passions, que je commence à ne le plus espérer, & à m'imaginer que vous ne me l'aviez promis que pour m'empêcher de publier la Lettre que je vous avois ci-devant écrite. Car j'ai sujet de croire que vous seriez fâché, qu'on vous ôtât l'excuse que vous prenez pour ne point achever votre Physique : & mon dessein étoit de vous l'ôter par cette Lettre : d'autant que les raisons que j'y avois déduites sont telles, qu'il ne me semble pas qu'elles puissent être leuës d'aucune personne, qui ait tant soit peu l'honneur & la vertu en re-
com-

commandation, qu'elles ne l'incitent à defirer comme moi, que vous obteniez du public ce qui eſt requis pour les expériences que vous dites vous être néceſſaires : & j'eſpérois qu'elle tomberoit aiſément entre les mains de quelques-uns qui auroient le pouvoir de rendre ce deſir efficace, ſoit à cauſe qu'ils ont de l'accès auprès de ceux qui diſpoſent des biens du public, ſoit à cauſe qu'ils en diſpoſent eux-mêmes. Ainſi je me promettois de faire en ſorte que vous auriez malgré vous de l'exercice. Car je ſai que vous avez tant de cœur, que vous ne voudriez pas manquer de rendre avec uſure ce qui vous ſeroit donné en cette façon, & que cela vous feroit entiérement quitter la négligence, dont je ne puis à préſent m'abſtenir de vous accuſer, bien que je ſois, &c.

Le 23. Juillet 1649.

**** R E'-

REPONSE

A la seconde Lettre.

MONSIEUR,

Je suis fort innocent de l'artifice, dont vous voulez croire que j'ai usé, pour empêcher que la grande Lettre que vous m'aviez écrite l'an passé ne soit publiée. Je n'ai eu aucun besoin d'en user. Car outre que je ne croi nullement qu'elle pût produire l'effet que vous prétendez, je ne suis pas si enclin à l'oisiveté, que la crainte du travail auquel je serois obligé pour examiner plusieurs expériences, si j'avois reçu du public la commodité de les faire, puisse prévaloir au desir que j'ai de m'instruire, & de mettre par écrit quelque chose qui soit utile aux autres hommes. Je ne puis pas si bien m'excuser de la négligence dont vous me blâmez. Car j'avouë que j'ai été plus

long-

long-tems à revoir le petit Traité que je vous envoie, que je n'avois été ci-devant à le composer, & que néanmoins je n'y ai ajoûté que peu de choses, & n'ai rien changé au discours, lequel est si simple & si bref, qu'il fera connoître que mon dessein n'a pas été d'expliquer les passions en Orateur, ni même en Philosophe Moral, mais seulement en Physicien. Ainsi je prévoi que ce Traité n'aura pas meilleure fortune que mes autres Ecrits; & bien que son titre convie peut-être davantage de personnes à le lire, il n'y aura néanmoins que ceux qui prendront la peine de l'examiner avec soin, ausquels il puisse satisfaire. Tel qu'il est, je le mets entre vos mains, &c.

D'Egmont, le 14. d'Août 1649.

TABLE
Des Parties & des Articles de ce Traité.

PREMIE'RE PARTIE.

Des Passions en général, & par occasion de toute la Nature de l'Homme.

ART.

TABLE

**** 3

TABLE

* * * * 4

qu'elle

TABLE.

ART.

se

TABLE

TABLE

TROISIE'ME PARTIE.

Des Passions particuliéres.

ART.

TABLE

Fin de la Table.

L A

LA PHILOSOPHIE
MORALE
DE MONSIEUR
DESCARTES,

Touchant les Paſſions de l'Ame,
& par occaſion de toute la Nature de l'Homme.

PREMIERE PARTIE.

Des Paſſions en general.

IL n'y a rien en quoi paroiſſe mieux combien les ſciences que nous avons des Anciens, ſont défectueuſes, qu'en ce qu'ils ont écrit des Paſſions. Car bien que ce ſoit une matiére dont la connoiſſance a toujours été fort recherchée ; & qu'elle ne ſemble pas être des plus difficiles, à cauſe que chacun les ſentant en ſoi-mê me,

I.
Que ce qui
eſt Paſſion
au regard
d'un ſujet,
eſt toujours
Action à
quelque
autre é-
gard.

A

I. PART. me, on n'a point befoin d'emprunter d'ailleurs aucune obfervation pour en découvrir la nature ; toutefois ce que les Anciens en ont enfeigné eft fi peu de chofe, & pour la plûpart fi peu croyable, que je ne puis avoir aucune efpérance d'approcher la verité, qu'en m'éloignant des chemins qu'ils ont fuivis. C'eft pourquoi je ferai obligé d'écrire ici en même façon, que fi je traitois d'une matiére que jamais perfonne avant moi n'eût touchée.

Et pour commencer, je confidére que tout ce qui fe fait, ou qui arrive de nouveau, eft généralement appellé par les Philofophes une *Paffion* au regard du fujet auquel il arrive, & une *Action* au regard de celui qui fait qu'il arrive. En forte que bien que l'*Agent* & le *Patient* foient fouvent fort différens, l'*Action* & la *Paffion* ne laiffent pas d'être toujours une même chofe, qui a ces deux noms, à raifon des deux divers fujets aufquels on la peut raporter.

II.

Que pour connoître ees Paffions de l'Ame, il faut diftinguer fes fonctions d'avec celles du Corps.

Puis auffi je confidére que nous ne remarquons point qu'il y ait aucun fujet qui agiffe plus immédiatement contre notre ame, que le corps auquel elle eft jointe ; & que par conféquent nous devons penfer que ce qui eft en elle une *Paffion*, eft communément en lui une

Action

Action * ; en sorte qu'il n'y a point de meilleur chemin pour venir à la connoissance de nos Passions, que d'examiner la différence qui est entre l'ame & le corps, afin de connoître auquel des deux on doit attribuer chacune des fonctions qui sont en nous.

I. Part.

* *C'est à dire pour parler proprement, qu'il arrive d'ordinaire quelque chose au Corps, qui est l'occasion de ce qui se passe dans l'Ame, qu'on appelle Passion : Car il ne faut pas s'imaginer que l'Ame & le Corps puissent agir l'un sur l'autre autrement que par correspondance de pensées & de mouvemens.*

A quoi on ne trouvera pas grande difficulté, si on prend garde que tout ce que nous expérimentons être en nous, & que nous voions aussi pouvoir être en des corps tout-à-fait inanimez, ne doit être attribué qu'à notre Corps ; & au contraire que tout ce qui est en nous, & que nous ne concevons en aucune façon pouvoir appartenir à un Corps, doit être attribué à notre Ame.

I I I.

Quelle régle on doit suivre pour cet effet.

Ainsi à cause que nous ne concevons point que le Corps pense en aucune façon, nous avons raison de croire que toutes les sortes de pensées qui sont en nous appartiennent à l'ame ; & à cause que nous ne doutons point qu'il n'y ait des corps inanimez ; qui se peuvent mouvoir en autant ou plus de diverses façons que les nôtres, & qui ont autant ou plus de chaleur (ce que l'expérience fait voir

I V.

Que la chaleur & le mouvement des membres procédent du Corps, & les pensées de l'Ame.

en

I. PART.

en la flame , qui seule a beaucoup plus de chaleur & de mouvemens qu'aucun de nos membres) nous devons croire que toute la chaleur , & tous les mouvemens qui sont en nous , en tant qu'ils ne dépendent point de la pensée , n'appartiennent qu'au Corps.

V.

Que c'est une erreur de croire que l'ame donne le mouvement & la chaleur au corps.

Au moien dequoi nous éviterons une erreur très-considérable , & en laquelle plusieurs sont tombez , en sorte que j'estime qu'elle est la premiére cause qui a empêché qu'on n'ait pû bien expliquer jusques ici les Passions , & les autres choses qui appartiennent à l'ame. Elle consiste en ce que voiant que tous les corps morts sont privez de chaleur , & ensuite de mouvement , on s'est imaginé que c'étoit l'absence de l'ame qui faisoit cesser ces mouvemens & cette chalenr ; & ainsi on a crû sans raison , que notre chaleur naturelle & tous les mouvemens de nos corps dépendent de l'ame : au lieu qu'on devoit penser au contraire que l'ame ne s'absente lorsqu'on meurt , qu'à cause que cette chaleur cesse , & que les organes qui servent à mouvoir le corps se corrompent.

V I.

Quelle différence il y a entre un corps vivant & un corps mort.

Afin donc que nous évitions cette erreur , considérons que la mort n'arrive jamais par la faute de l'ame , mais seulement parce que quelqu'une des principales parties du corps se corrompt ; & ju-

jugeons que le corps d'un homme vivant differe autant de celui d'un homme mort, que fait une montre, ou autre automate (c'est-à-dire, autre machine qui se meut de soi-même) lors qu'elle est montée, & qu'elle a en soi le principe corporel des mouvemens pour lesquels elle est instituée, avec tout ce qui est requis pour son action ; & la même montre, ou autre machine, lors qu'elle est rompuë & que le principe de son mouvement cesse d'agir.

Pour rendre cela plus intelligible, j'expliquerai ici en peu de mots toute la façon dont la machine de nôtre corps est composée. Il n'y a personne qui ne sache déja qu'il y a en nous *un cœur, un cerveau, un estomac, des muscles, des nerfs, des artéres, des veines,* & choses semblables. On sait aussi que les viandes qu'on mange descendent dans l'estomac & dans les boyaux. d'où leur suc, coulant *dans le foie,* * & dans toutes les veines, se mêle avec le sang qu'elles contiennent, & par ce moyen en augmente la quantité. Ceux qui ont tant soit peu oüi parler de la Médecine, savent outre cela comment le cœur est composé, & comment tout le sang des veines peut faci-

I. Part.

VII.
Explication des principales parties du corps, & de quelques-unes de ses fonctions.

* *Selon la première opinion ou conjecture des Anatomistes, avant qu'on eût découvert les veines la-*

A 3

ctées, par lesquelles le chyle ou suc des viandes est porté des boyaux dans de petits réservoirs, d'où, sans passer par le foie, il va se mêler avec le sang qui entre dans le cœur.

 facilement couler de la veine cave en
son côté droit , & de là passer dans le
poumon, par le vaisseau qu'on nomme
la veine artérieuse, puis retourner du poumon dans le côté gauche du cœur, par
le vaisseau nommé *l'artére véneuse*, &
enfin passer de là dans la grande artére,
dont les branches se répandant par tout
le corps. Même tous ceux que l'autorité des Anciens n'a point entiérement
aveuglez, & qui ont voulu ouvrir les
yeux pour examiner l'opinion d'Herveus
touchant la circulation du sang, ne dou-
tent point que toutes les veines & les artéres du corps, ne soient comme des
ruisseaux, par où le sang coule sans cesse fort promprement, en prenanr son
cours de la cavité droite du cœur par la
veine artérieuse, dont les branches sont
éparses en tout le poumon, & jointes à
celle de l'artére véneuse, par laquelle il
passe du poumon dans le côté gauche du
cœur, puis de là il va dans la grande
artere, dont les branches éparses par tout
le reste du corps sont jointes aux branches de la veine cave, qui portent derechef le même sang en la cavité droite
du cœur. En sorte que ces deux cavitez
sont comme des écluses, par chacune
desquelles passe tout le sang, à chaque
tour qu'il fait dans le corps.

De plus on sait que tous les mouvemens

mens des membres dépendent des mufcles ; & que ces muscles font oppofez
les uns aux autres, en telle forte, que
lors que l'un d'eux s'accourcit, il tire
vers foi la partie du corps à laquelle il
eft attaché, ce qui fait allonger au même tems le mufcle qui lui eft oppofé :
puis s'il arrive en un autre tems que ce
dernier s'acourciffe, il fait que le premier fe rallonge, & il retire vers foi la
partie à laquelle ils font attachez. Enfin
on fait que tous ces mouvemens des mufcles, comme auffi tous les fens, dépendent des nerfs, qui font comme de petits filets, ou comme de petits tuyaux qui
viennent tous du cerveau, & contiennent, ainfi que lui, un certain air ou
vent tres-fubtil, qu'on nomme les efprits
animaux.

Mais on ne fait pas communément,
en quelle façon ces efprits animaux &
ces nerfs contribüent aux movemens &
aux fens, ni quel eft le Principe corporel qui les fait agir : c'eft pourquoi, encore que j'en aye déja touché quelque
chofe en d'autres Ecrits, je ne laifferai
pas de dire ici fuccinctement, que pendant que nous vivons il y a une chaleur
continuelle en nôtre cœur, qui eft une
efpéce de feu que le fang des veines y en-
tretient ; & que ce feu eft le principe corporel de tous les mouvemens de nos
membres.　　　A. 4　　　Son

I. PART.

IX.

Comment se fait le mouve-ment du cœur.

Son premier effet est qu'il dilate le sang dont les cavitez du cœur sont remplies: ce qui est cause que ce sang aiant besoin d'ocuper un plus grand lieu, passe avec impétuosité de la cavité droite dans la veine artérieuse, & de la gauche dans la grande artére. Puis cette dilatation ces-sant, il entre incontinent de nouveau sang de la veine cave en la cavité droite du cœur, & de l'artére véneuse en la gauche: car il y a de petites peaux aux entrées de ces quatre vaisseau tellement disposées, qu'el-les font que le sang ne peut entrer dans le cœur que par les deux derniers, ni en sortir que par les deux autres.* Le nouveau sang entré dans le cœur, y est incontinent après rarefié en même façon que le prece-dent. Et c'est en cela seul que consiste *le pous* ou battement du cœur des artéres; en sorte que ce battement se réitére au-tant de fois qu'il entre de nouveau sang dans le cœur. C'est aussi cela seul qui don-ne au sang son mouvement, & fait qu'il coule sans cesse tres vîte en toutes les artéres & les veines; au moien dequoi

** Quoique l'on ne puisse con-cevoir clai-rement d'autre pre-mier prin-cipe du mouvemēt & de la circulation du sang, que cette fermenta-tion ou ra-réfaction qu'il reçoit dans le cœur; il y a cependant grande apparence qu'elle n'en est pas la seule cause, & que le jeu des filtres des nerfs dont le cœur n'est proprement qu'un tissu, n'y contri-bue pas peu; car les nouvelles observations qu'on a faites touchant sa structure, nous apprennent que c'est un double muscle, dont les filtres sont tellement disposées, que les intérieures, qui ten-dent à peu prés directement de sa base vers sa pointe, servent à l'élargir & le racourcir, & que celles du dehors qui vont comme en limaçon de sa base à sa pointe, font qu'il s'allonge & se rétrécit.*

il porte la chaleur, qu'il acquiert dans le cœur, à toutes les autres parties du corps ; & il leur sert de nourriture.

Mais ce qu'il y a ici de plus considérable, c'est que toutes les plus vives & subtiles parties du sang, que la chaleur a raréfié dans le cœur, entrent sans cesse en grande quantité dans les cavitez du cerveau. Et la raison qui fait qu'elles y vont plûtôt qu'en aucun autre lieu, est que tout le sang qui sort du cœur par la grande artére, prend son cours en ligne droite vers ce lieu là, & que n'y pouvant pas tout entrer, à cause qu'il n'y a que des passages fort étroits, celles des ses parties qui sont les plus agitées & les plus subtiles y passent seules, pendant que le reste se répand en tous les autres endroits du corps. Or ces parties du sang tres subtiles composent les *esprits animaux*. Et elles n'ont besoin à cette effet de recevoir aucun autre changement dans le cerveau, sinon qu'elles y sont séparées des autres parties du sang moins subtiles. Car ce que je nomme ici des *esprits*, ne sont que des corps, & ils n'ont point d'autre propriété, sinon que ce sont des corps tres-petits, & qui se meuvent tres-vîte, ainsi que les parties de la flame qui sort d'un flambeau : en sorte qu'ils ne s'arrêtent en aucun lieu ; & qu'à mesure qu'il en entre quelques-uns dans

I. PART.

X.

Comment les esprits animaux sont produits dans le cerveau.

A 5.

les

 les cavitez du cerveau, il en fort auſſi quelques aütres par les pores qui ſont en ſa ſubſtance ; leſquels pores les conduiſent dans les nerfs, & de là dans les muſcles, au moyen dequoi ils meuvent le corps en toutes les diverſes façons qu'il peut être mû.

XI.
Comment ſe font les mouvemés des muſcles.

Car la ſeule cauſe de tous les mouvemens des membres eſt, que quelques muſcles s'acourciſſent, & que leurs oppoſez s'allongent, ainſi qu'il a déja été dit. Et la ſeule cauſe qui fait qu'un muſcle s'acourcit plûtôt que ſon oppoſé, eſt qu'il vient tant ſoit peu plus d'eſprits du cerveau vers lui que vers l'autre. Non pas que les eſprits qui viennent immédiatement du cerveau ſuffiſent ſeuls pour mouvoir ces muſcles ; mais ils déterminent les autres eſprits, qui ſont déja dans ces deux muſcles, à ſortir tous fort promptement de l'un d'eux, & paſſer dans l'autre : au moyen dequoi celui d'où ils ſortent devient plus long & plus lâche ; & celui dans lequel ils entrent, étant promptement enflé par eux, s'acourcit, & tire le membre auquel il eſt attaché. Ce qui eſt facile à concevoir, pourvû que l'on ſache qu'il n'y a que fort peu d'eſprits animaux qui viennent conti-

La ſtru-
cture des
muſcles
n'étant
point enco-
re aſſez
comme, l'on
ne peut fai-
re conce-
voir com-
ment ils ſe
meuvent,
que par
quelque
ſuppoſition
qui ſatis-
faſſe aux

nuel-

apparences, & qui ne choque point la raiſon. Celle que fait ici M.
Deſcartes, eſt ſans doute la plus ſimple, la plus intelligible, & par
conſequent la plus vraiſemblable que l'on puiſſe propoſer.

nuellement du cerveau vers chaque muſ- I. PART.
cle, mais qu'il y en a toujours quantité d'autres enfermez dans le même muſcle, qui s'y meuvent tres-vîte, quelquefois en tournoyant ſeulement dans le lieu
où ils ſont, à ſavoir lors qu'ils ne trouvent point de paſſages ouverts pour en
ſortir, & quelquefois en coulant dans
le muſcle oppoſé, d'autant qu'il y a de
petites ouvertures en chacun de ces muſcles, par où ces eſprits peuvent couler
de l'un dans l'autre, & qui ſont tellement diſpoſées, que lors que les eſprits
qui viennent du cerveau vers l'un d'eux,
ont tant ſoit peu plus de force que ceux
qui vont vers l'autre, ils ouvrent toutes
les entrées par où les eſprits de l'autre
muſcle peuvent paſſer en cettui-ci, &
ferment en même tems toutes celles par
où les eſprits de cettui-ci peuvent paſſer
en l'autre : au moien dequoi tous les
eſprits contenus auparavant en ces deux
muſcles, s'aſſemblent en l'un d'eux fort
promptement, & ainſi l'enflent & l'ac-
courciſſent, pendant que l'autre s'allonge
& ſe relâche.

Il reſte encore ici à ſavoir les cauſes, X I I.
qui font que les eſprits ne coulent pas tou- *Comment*
jours du cerveau dans les muſcles en mê- *les objets*
me façon, & qu'il en vient quelquefois *de dehors*
plus vers les uns que vers les autres. Car *agiſſent*
outre l'action de l'ame qui veritablement *contre les*

A 6

organes
eſt deſſens.

I. Part. eſt en nous l'une de ces cauſes, ainſi que
je dirai ci-après, il y en a encore deux
autres, qui ne dépendent que du corps,
leſquelles il eſt beſoin de remarquer. La
première conſiſte en la diverſité des mouvemens, qui ſont excitez dans les organes des ſens par leurs objets, laquelle
j'ai déja expliquée aſſez amplement en la
Dioptrique; mais afin que ceux qui verront cet Ecrit, n'aient pas beſoin d'en
avoir lû d'autres, je repéterai ici qu'il y a
trois choſes à conſiderer dans les nerfs,
à ſavoir leur moëlle ou ſubſtance intérieure, qui s'étend en forme de petits filets depuis le cerveau, d'où elle prend
ſon origine, juſques aux extrémitez des
autres membres auſquelles ces filets ſont
attachez; puis les peaux qui les environnent, & qui étant continues avec celles
qui enveloppent le cerveau, compoſent
de petits tuyaux dans leſquels ces petits
filets ſont enfermez; puis enfin les eſprits
animaux, qui étant portez par ces mêmes
tuyaux depuis le cerveau juſques aux
muſcles, ſont cauſe que ces filets y demeurent entiérement libres, & étendus
en telle ſorte, que la moindre choſe qui
meut la partie du corps ou l'extrémité de
quelqu'un d'eux eſt attachée, fait mouvoir par même moien la partie du cerveau d'où il vient, en même façon que
lors qu'on tire l'un des bouts d'une corde
on fait mouvoir l'autre.   Et

Et j'ai expliqué en la Dioptrique, comment tous les objets de la vûe ne se communiquent à nous que par cela seul, qu'ils meuvent localement, par l'entremise des corps transparens qui sont entre eux & nous, les petis filets des nerfs optiques, qui sont au fond de nos yeux, & ensuite les endroits du cerveau d'où viennent ces nerfs ; qu'ils meuvent, dis-je, en autant de diverses façons qu'ils nous font voir de diversitez dans les choses ; & que ce ne sont pas immédiatement les mouvemens qui se font en l'œil, mais ceux qui se font dans le cerveau, qui représentent à l'ame ces objets. A l'exemple dequoi il est aisé de concevoir que les sons, les odeurs, les saveurs, la chaleur, la douleur, la faim, la soif, & généralement tous les objets, tant de nos autres sens extérieurs, que de nos appétits intérieurs, excitent aussi quelque mouvement en nos nerfs, qui passe par leur moyen jusques au cerveau. Et outre que ces divers mouvemens du cerveau font avoir à nôtre ame divers sentimens, ils peuvent aussi faire sans elle, que les esprits prennent leurs cours vers certains muscles, plutôt que vers d'autres, & ainsi qu'ils meuvent nos membres. Ce que je prouverai seulement ici par un exemple. Si quelqu'un avance promptement sa main contre nos yeux, comme pour

I. PART.

XIII.

Que cette action des objets de dehors, peut conduire diversement les esprits dans les muscles.

 pour nous fraper, quoique nous sachions
qu'il est notre ami, qu'il ne fait cela que
par jeu, & qu'il se gardera bien de nous
faire aucun mal, nous avons toutefois
de la peine à nous empêcher de les fermer : ce qui montre que ce n'est point par
l'entremise de notre ame qu'ils se ferment, puisque c'est contre notre volonté,
laquelle est la seule ou du moins sa principale action ; mais que c'est à cause que
la machine de notre corps est tellement
composée, que le mouvement de cette
main vers nos yeux, excite un autre mouvement en notre cerveau, qui conduit
les esprits animaux dans les muscles qui
font abaisser les paupiéres.

X I V.
Que la di-
versité qui
est entre
les esprits
peut aussi
diversifier
leur cœur.

L'autre cause qui sert à conduire diversement les esprits animaux dans les
muscles, est l'inégale agitation de ces esprits, & la diversité de leurs parties. Car
lors que quelques-unes de leurs parties
font plus grosses & plus agitées que les autres, elles passent plus avant en ligne
droite dans les cavitez & dans les pores
du cerveau, & par ce moien font con-
duites en d'autres muscles qu'elles ne seroient, si elles avoient moins de force.

X V.
Quelles
sont les
causes de
leur diver-
sité.

Et cette inégalité peut procéder des
diverses matiéres dont ils sont composez,
comme on voit en ceux qui ont bû beaucoup de vin, que les vapeurs de ce vin
entrant promptement dans le sang, mon-
tent

tent du cœur au cerveau, où elles fe con-
vertiffent en efprits, qui étant plus forts
& plus abondans que ceux qui y font d'ordinaire, font capables de mouvoir le
corps en plufieurs étranges façons. Cette
inégalité des efprits, peut auffi procéder
des diverfes difpofitions du cœur, du
foie, de l'eftomac, de la rate, & de toutes les autres parties qui contribuent à
leur production. Car il faut principalement ici remarquer certains petits nerfs
inférez dans la bafe du cœur, qui fervent
à élargir & étrecir les entrées de fes concavitez: au moien dequoi le fang s'y di-
latant plus ou moins fort, produit des
efprits diverfement difpofez. Il faut auffi
remarquer que bien que le fang qui entre
dans le cœur, y vienne de tous les autres
endroits du corps, il arrive fouvent néanmoins, qu'il y eft davantage pouffé de
quelques parties que des autres, à caufe
que les nerfs & les mufcles qui répondent
à ces parties-là, le preffent ou l'agitent
davantage: & que felon la diverfité des
parties defquelles il vient le plus, il fe
dilate diverfement dans le cœur, & enfuite produit des efprits qui ont des qualitez differentes. Ainfi par exemple, celui qui vient de la partie inferieure du foie,
où eft le fiel, fe dilate d'autre façon dans
le cœur, que celui qui vient de la rate;
& cettui-ci autrement que celui qui vient

de

I. Part. des veines des bras ou des jambes ; &
enfin cettui-ci tout autrement que le suc
des viandes, lors qu'étant nouvellement
forti de l'estomac & des boyaux, il passe
promptement par le foie jusques au cœur.

XVI.

Comment tous les membres peuvent être meûs par les objets des sens, & par les esprits, sans l'aide de l'ame.

Enfin il faut remarquer que la machine
de nôtre corps est tellement composée,
que tous les changemens qui arrivent aux
mouvemens des esprits peuvent faire
qu'ils ouvrent quelques pores du cerveau
plus que les autres; & réciproquement que
lors que quelqu'un de ces pores est tant
soit peu plus ou moins ouvert que de coutume, par l'action des nerfs qui servent au
sens, cela change quelque chose au mouvement des esprits, & fait qu'ils sont conduits dans les muscles qui servent à mouvoir le corps, en la façon qu'il est ordinairement mû à l'ocasion d'une telle action.
En sorte que tous les mouvemens que
nous faisons sans que nôtre volonté y
contribuë, (comme il arrive souvent que
nous respirons, que nous marchons, que
nous mangeons, & enfin que nous faisons
toutes les actions qui nous sont commu-
nes avec les bêtes) ne dépendent que de
la conformation de nos membres, & du
cours que les esprits excitez par la chaleur
du cœur suivent naturellement dans le
cerveau, dans les nerfs & dans les muscles.
En même façon que le mouvement d'u-
ne montre est produit par la seule force

de

de son ressort & la figure de ses roües.   **I. PART.**

·Après avoir ainsi consideré toutes les
fonctions qui appartiennent au corps
seul, il est aisé de connoître qu'il ne reste rien en nous que nous devions at-
tribuër à nôtre ame, sinon nos pensées,
lesquelles sont principalement de deux
genres ; à savoir, les unes sont *les actions*
de l'ame, les autres sont *ses passions*. Celles que je nomme *ses actions*, sont toutes nos volontez, à cause que nous expérimentons qu'elles viennent directement de nôtre ame, & semblent ne dépendre que d'elle ; comme au contraire on peut généralement nommer *ses pas-*
sions, toutes les sortes de *perceptions* ou
connoissances qui se trouvent en nous,
à cause que souvent ce n'est pas nôtre
ame, qui les fait telles qu'elles sont, *
& que toujours elle les reçoit des choses * qui sont représentées par elles.

Ou pour parler plus précisement, à l'occasion des choses, &c.

.Derechef nos volontez sont de deux
sortes : car les unes sont *des actions de*
l'ame, qui se terminent en l'ame même,
comme lors que nous voulons aimer
Dieu, ou généralement appliquer nôtre
pensée à quelque objet qui n'est point ma-
à l'objet, qui peut être spirituel ou materiel, à cause des deux differe-
rens raports qu'a l'ame, l'un à Dieu & l'autre au corps ; mais
pour la volonté en soi, elle est toujours la même vers quelque
objet qu'elle se porte.

 teriel, les autres font *des actions qui se ter-*
minent en nôtre corps, comme lors que de
cela feul que nous avons la volonté de
nous promener, il fuit que nos jambes
fe remüent & que nous marchons.

XIX.
De la Per-
ception.

Nos perceptions font auffi de deux fortes ; les unes ont l'ame pour caufe, *
& les autres le corps. Celles qui ont l'a-
me pour caufe font les perceptions de
nos volontez, & de toutes les imaginations ou autres penfées qui en dépendent. Car il eft certain que nous ne fau-
rions vouloir aucune chofe, que nous
n'appercevions par même moien que
nous la voulons. Et bien qu'au regard
de nôtre ame, ce foit une action de
vouloir quelque chofe, on peut dire que
c'eft auffi en elle une paffion d'appercevoir qu'elle veut. Toutefois à caufe que
cette preception & cette volonté ne font
en effet qu'une même chofe, la déno-
mination fe fait toujours par ce qui eft
le plus noble ; & ainfi on n'a point coutume de la nommer une paffion, mais
feulement une action.

** Par ce*
mot Caufe
on ne doit
entendre ici
& dans la
fuite que
Caufe na-
turelle ou
occafio-
nelle, &
non point
Caufe ef-
ficiente &
réelle; Car
il n'y a
point d'au-
tre caufe
veritable
que Dieu qui fait tout en toutes chofes ; comme l'Auteur de la
Recherche de la verité le prouve fort au long & fort clairement
dans le 3. chap. de la 2. partie de fon 6. Livre, & dans l'éclaircif-
fement fur ce Chapitre.

XX.
Des ima-
ginations
& autres penfées qui font formées par l'ame.

Lors que nôtre ame s'applique à imaginer quelque chofe qui n'eft point, comme à fe repréfenter un palais enchanté

ou une chimére ; & auſſi lors qu'elle *I. PART.*
s'applique à conſidérer quelque choſe qui
eſt ſeulement intelligible, & non point
imaginable, par exemple, à conſidérer
ſa propre nature, les perceptions qu'elle a de ces choſes dépendent principalement de la volonté qui fait qu'elle les
apperçoit : c'eſt pourquoi on a coutume
de les conſidérer comme des actions,
plûtôt que comme des paſſions.

Entre les preceptions qui ſont cauſées *XXI.*
par le corps, la plûpart dépendent dés *Des ima-*
nerfs : mais il y en a auſſi quelques-unes *ginations*
qui n'en dépendent point, & qu'on nom- *qui n'ont*
me *des imaginations*, ainſi que celles *pour cauſe*
dont je viens de parler, deſquelles néan- *que le*
moins elles différent en ce que nôtre vo- *corps.*
lonté ne s'emploie point à les former,
ce qui fait qu'elles ne peuvent être miſes
au nombre des actions de l'ame : & elles ne procédent que de ce que les eſprits étant diverſement agitez, & rencontrant les traces de diverſes impreſſions
qui ont précedé dans le cerveau, ils y
prennent leur cours fortuitement par
certains porés, plûtôt que par d'autres.
Telles ſont les illuſions de nos ſonges,
& auſſi les réveries que nous avons ſouvent étant éveillez, lors que nôtre penſée erre, nonchalamment, ſans s'appliquer à rien de ſoi-même. Or encore que
quelques-unes de ces imaginations, ſoient

des

I. PART. des passions de l'ame, en prenant ce mot
en sa plus propre & plus particulière signification ; & qu'elles puissent être toutes ainsi nommées, si on le prend en une
signification plus générale : toutefois
pource qu'elles n'ont pas une cause si notable & si déterminée, que les precep-
tions que l'ame reçoit par l'entremise des
nerfs, & qu'elles semblent n'en être que
l'ombre & la peinture, avant que nous
les puissions bien distinguer, il faut considérer la différence qui est entre ces autres.

XXII.
De la dif-
ference qui
est entre les
autres per-
ceptions.
Toutes les perceptions que je n'ai pas
encore expliquées viennent à l'ame par
l'entremise des nerfs ; & il y a entre elles cette différence, que nous les rapportons les unes aux objets de dehors qui
frapent nos sens, les autres à nôtre corps,
ou à quelques unes de ses parties, & enfin les autres à nôtre ame.*

* *Comme*
on n'a
point d'idée claire de l'ame, qu'on ne la reconnoît que par senti-
ment interieur, & qu'ainsi on ne la peut définir clairement ni exa-
ctement ; il ne faut pas s'étonner si M. Descartes ne distingue ici
ses perceptions ou sensations que par rapport aux faux jugemens
que nous avons coutume d'en faire en les raportant à des sujets aus-
quels elles n'appartiennent point ; car puisque c'est un préjugé
commun à tous les hommes, il n'y a personne qui ne convienne de
cette distinction qui est necessaire pour la suite.

XXIII.
Des perce-
ptions que
nous raportons aux objets qui sont hors de nous.
Celles que nous raportons à des cho-
ses qui sont hors de nous, à savoir aux
ob-

objets de nos sens, font caufées (au
moins, lors que nôtre opinion n'eſt
point fauſſe *) par ces objets, qui excitant quelques movemens dans les organes des fens extérieurs, en excitant auſ-
fi par l'entremife des nerfs dans le cerveau, lefquels font que l'ame les fent.
Ainfi lors que nous voions la lumiére
d'un flambeau, & que nous oions le fon
d'une cloche, ce fon & cette lumiére
font deux diverfes actions, qui par cela
feul qu'elles excitent deux divers mouvemens en quelques-uns de nos nerfs, &
par leur moien dans le cerveau, donnent à l'ame deux fentimens différens,
lefquels nous raportons tellement aux
fujets que nous fupofons être leurs caufes, que nous penfons voir le flambeau
même, & ouïr la cloche, non pas fentir feulement des mouvemens qui viennent d'eux. *

Les perceptions que nous raportons à
nôtre corps, ou à quelqus unes de parties, font celles que nous avons de la
faim, de la foif, & de nos autres appétits naturels ; à quoi on peut joindre la
douleur, la chaleur, & les autres affections que nous fentons comme dans
nos membres, & non pas comme dans
les objets qui font hors de nous. * Ainfi
nous pouvons fentir en même tems, &
par l'entremife des mêmes nerfs, la froideur

*Cela veut
dire, lorſ-
que ces ob-
jets ſont
réellement
préſens.

* C'eſt à
dire : avoir
feulement
certaines
ſenſations
à l'occaſion
des mouve-
mens qu'ils
excitent
dans nos
organes.

XXIV.
Des perce-
ptions que
nous rap-
portons à
notre corps.

* La raiſon
pour la-
quelle nous
jugeons
que la bru-

deur de nôtre main, & la chaleur de la flamme dont elle s'aproche ; ou bien au contraire la chaleur de la main, & le froid de l'air auquel elle est exposée : sans qu'il y ait aucune différence entre les actions qui nous font sentir le chaud ou le froid qui est en nôtre main, & celles qui nous font sentir celui qui est hors de nous ; sinon que l'une de ce actions survenant à l'autre, nous jugeons que la premiére est déja en nous, & que celle qui survient n'y est pas encore, mais en l'objet qui la cause.

plus vif de nôtre main que des autres parties de nôtre corps & des objets qui l'environnent; & que la brulure étant une espéce de douleur, elle applique fortement l'ame à celle des parties du corps qu'elle sent davantage, & qui lui est ainsi plus présente dans le même tems ; de sorte qu'elle la détermine à y attacher sa sensation plûtôt qu'à tous autres objets.

XXV.
*Des perce-
ptions que
nous rap-
portons à
notre ame.*

Les perceptions qu'on raporte seulement à l'ame, sont celles dont on sent les effets comme en l'ame même, & desquelles on ne connoît communément aucune cause prochaine, à laquelle on les puisse rapporter. Tels sont les sentimens de joie, de colére, & autres semblables, qui sont quelquefois excitez en nous par les objets qui meuvent nos nerfs, & quelquefois aussi par d'autres causes. Or encore que toutes nos perceptions, tant celles qu'on raporte aux objets qui sont hors de nous, que celles qu'on raporte

[les] diverses affections de nôtre [ame]
[qui] sont veritablement des passions
[au rega]rd de nôtre ame, lors qu'on prend
[ce mo]t en sa plus generale signification;
[mais toute]fois on a coûtume de le restrein-
[dre à] signifier seulement celles qui se ra-
[porte]nt à l'ame même. Et ce ne sont
[que ces dernieres] que j'ai entrepris ici
[d'expliquer] sous le nom *des passions de*
[l'ame.]

Il reste ici à remarquer, que toutes
les mêmes choses que l'ame apperçoit
par l'entremise des nerfs, lui peuvent
aussi être representées par le cours fortuit des esprits, sans qu'il y ait autre difference, sinon que les impressions qui
viennent dans le cerveau par les nerfs, ont
coûtume d'être plus vives & plus expres-
ses que celles que les esprits y excitent.
Ce qui m'a fait dire en l'art. 21. que cel-
les-là sont comme l'ombre ou la peinture des autres. Il faut aussi remarquer
qu'il arrive quelquefois, que cette peinture est si semblable à la chose qu'elle
represente, qu'on peut y être trompé touchant les perceptions qui se raportent aux
objets qui sont hors de nous, ou bien
celles qui se raportent à quelques parties
de nôtre corps, mais qu'on ne peut pas
être en même façon touchant les passions,
d'autant qu'elles sont si proches & si in-
terieures à nôtre ame, qu'il est impossible

I. PART.

XXVI.
Que les imagina-
tions, qui
ne depen-
dent que du
mouvemët
fortuit des
esprits,
peuvent ê-
tre d'aussi
veritables
passions;
que les per-
ceptions
qui dépen-
dent des
nerfs.

ble qu'elle les fente fans qu'elle foient véritablement telles qu'elle les fent. Ainfi fouvent lors que l'on dort, & même quelquefois étant éveillé on imagine fi fortement certaines chofes, qu'on penfe les voir devant foi, ou les fentir en fon corps, bien qu'elles n'y foient aucunement : mais encore qu'on foit endormi, & qu'on rêve ; on ne fauroit fe fentir trifte ou émû de quelque autre paffion qu'il de foit tres-vrai que l'ame a en foi cette paffion.

Après avoir ainsi confidéré en quoi les paffions de l'ame différent de toutes fes autres penfées, il me femble qu'on peut généralement les définir, *De perceptions, ou des fentimens, ou des émotions de l'ame qu'on raporte particuliérement à elle, & qui font caufées, entretenües, & fortifiées par quelque mouvement des efprits.*

On les peut nommer *des perceptions* lors qu'on fe fert généralement de ce mot, pour fignifier toutes les penfées qui ne font point des actions de l'ame, ou des volontez ; mais non point lors qu'on ne s'en fert que pour fignifier des connoiffances évidentes : car l'expérience fait voir que ceux qui font les plus agitez par leurs paffions, ne font

pas

pas ceux qui les connoissent le mieux, **I. PART.** & qu'elles sont du nombre des precep-tions que l'étroite alliance qui est en-tre l'ame & le corps rend confuses & ** C'est-à-dire ne peut connoître clairement,* obscures. * On les peut aussi nommer *des sentimens*, à cause qu'elles sont re-çûes en l'ame en même façon que les objets des sens exterieurs, & ne sont *parce qu'on n'a point d'idée claire de l'ame à cause de son union avec le corps, qui ne seroit pas si étroite qu'elle est, si l'ame se pourroit facilement distinguer de* pas autrement connues par elle. Mais on peut encore mieux les nommer *des émotions de l'ame*, non seulement à cause que ce nom peut être attribué à tous les changemens qui arrivent en elle, c'est-à-dire à toutes les diverses pensées qui lui viennent; mais particu-liérement, pource que de toutes les sor-tes de pensées qu'elle peut avoir, il n'y en a point d'autres qui l'agitent & l'é-branlent si fort que font ces passions.

son corps, qu'elle ne regarderoit plus comme faisant un seul tout avec elle, lors qu'elle se verroit d'une nature tout à fait différente.

J'ajoute *qu'elles se raportent particu-* **XXIX.** *liérement à l'ame*, pour les distinguer *Explica-tion de ton autre par-tie.* des autres sentimens, qu'on raporte, les uns aux objets extérieurs, comme les odeurs, les sons, les couleurs; les autres à nôtre corps, comme la faim, la soif, la douleur. J'ajoute aussi *qu'el-les sont causées, entretenues & fortifiées, par quelque mouvement des esprits*, afin

I. Part. de les diſtinguer de nos volontez, qu'on peut nommer *des émotions de l'ame qui ſe raportent â elle, mais qui ſont cauſées par elle-même* ; & auſſi afin d'expliquer leur derniére & plus prochaine cauſe, qui les diſtingue derechef des autres ſentimens.

X X X
Que l'ame est unie à toutes les parties du corps conjointement.

** Quoique nous n'aions point d'idée ou de connoiſſance abſtraite de nôtre ame, il ſuffit que nous la connoiſſions par*

Mais pour entendre plus parfaitement toutes ces choſes, il eſt beſoin de ſavoir, que l'ame eſt véritablement jointe à tout le corps, & qu'on ne peut pas proprement dire qu'elle ſoit en quelqu'une de ſes parties, à l'excluſion des autres, à cauſe qu'il eſt un & en quelque façon indiviſible, à raiſon de la diſpoſition de ſes organes, qui ſe raportent tellement tous l'un à l'autre, que lors que quelqu'un d'eux eſt ôté, cela rend tout le corps defectueux : & à cauſe qu'elle eſt d'une nature qui n'a aucun raport à l'étenduë, ni aux dimenſions, ou autres propriétez de la matiére, dont le corps eſt compoſé ; mais ſeulemét à tout l'aſſemblage de ſes organes. *

conſcience ou ſentiment intérieur, pour nous aſſurer qu'elle n'a point de parties : car de même que nous ſommes certains qu'elle eſt capable d'amour & de haine, de triſteſſe & de joie, par cela ſeul que nous avons ſenti en nous ces paſſions; ainſi ne peuvant appercevoir en elle aucune partie ni aucune figure quelqu'attentation que nous y apportions, & voiant d'ailleurs clairement que l'étenduë n'eſt point un mode mais une ſubſtance, nous n'avons pas beſoin d'autres preuves pour nous convaincre que l'ame n'eſt ni étenduë ni capable d'étenduë.

paroît, de ce qu'on ne peut aucunement concevoir la moitié ou le tiers d'une ame, ni quelle étenduë elle occupe; & qu'elle ne devient point plus petite de ce qu'on retranche quelque partie du corps, mais qu'elle s'en sépare entiérement lors qu'on dissout l'assemblage de ses organes.

Il est besoin aussi de savoir que bien que l'ame soit jointe a tout le corps, il y a néanmoins en lui quelque partie en laquelle elle exerce ses fonctions plus particuliérement qu'en toutes les autres. Et on croit communément que cette partie est le cerveau, ou peut-être le cœur; le cerveau, à cause que c'est à lui que se raportent les organes des sens; & le cœur, à cause que c'est comme en lui qu'on sent les passions. Mais en examinant la chose avec soin, il me semble avoir évidemment reconnu, que la partie du corps en laquelle l'ame exerce immédiatement ses fonctions, n'est nullement le cœur, ni aussi tout le cerveau, mais seulement la plus intérieure de se partie, qui est une certaine *glande fort petite, située dans le milieu de sa substance, & tellement suspenduë au dessus du conduit, par lequel les esprits de ses cavitez antérieures ont communi-

B 2

cation

I. PART.

XXXI.

Qu'il y a une petite glande dans le cerveau en laquelle l'ame exerce ses fonctions, plus particuliérement que dans les autres parties.

*Tout le monde ne convient pas que ce soit dans cette glande que recation avec ceux de la poſtérieure, que les moindres mouvemens qui ſont en elle, peuvent beaucoup pour changer le cours de ces eſprits, & réciproquement que les moindres changemens qui arrivent au cours des eſprits, peuvent beaucoup pour changer les mouvemens de cette glande.

qu'ils nomment Striata ; d'autres dans la Picmére dont le cerveau eſt enveloppé ; quelques autres veulent que ce ſoit dans le corps calleux : Mais tous ces ſentimens ont bien moins de vraiſemblance que celui de M. Deſcartes laquelle quand mêmes il ſeroit faux, cela ne ſeroit aucun tort au fond de ſon ſyſtême dont on pourra toujours ſe ſervir auſſi utilement que du véritable pour avancer dans la connoiſſance de l'homme.

XXXII. La raiſon qui me perſuade que l'ame ne peut avoir en tout le corps aucun autre lieu que cette glande, où elle exerce immédiatement ſes fonctions, eſt que je conſidére que les autres parties de nôtre cerveau ſont toutes doubles ; comme auſſi nous avons deux yeux, deux mains, deux oreilles, & enfin tous les organes de nos ſens extérieures ſont doubles ; & que d'autant que nous n'avons qu'une ſeule & ſimple penſée d'un même choſe en même tems, il faut néceſſairement qu'il y ait quelque lieu où les deux images qui viennent par les deux yeux, où deux autres impreſſions qui viennent

nent d'un seul objet par les doubles I. Part
organes des autres sens, se puissent assembler en une avant qu'elles parvien-
nent à l'ame, qu'elles ne lui représentent pas deux objets au lieu d'un.
Et on peut aisément concevoir que ces
images ou autres impressions se reü-
nissent en cette glande, par l'entremise des esprits qui remplissent les cavitez du cerveau : mais il n'y a aucun
autre endroit dans le corps, où elles
puissent ainsi être unies, sinon ensuite
de ce qu'elles le sont en cette glande.

Pour l'opinion de ceux qui pensent que
l'ame reçoit ses passions dans le cœur, XXXIII.
elle n'est aucunement considérable ; *Que le sie-*
car elle n'est fondée que sur ce que les *ge des pas-*
passions y font sentir quelque altéra- *sions n'est*
tion : & il est aisé à remarquer que cet- *pas dans le*
te altération n'est sentie comme dans *cœur.*
le cœur, que par l'entremise d'un petit nerf qui descend du cerveau vers lui ;
ainsi que la douleur est sentie comme
dans le pied, par l'entremise des nerfs
du pied ; & les astres sont apper-
çûs comme dans le Ciel, par l'entremise de leur lumiére & des nerfs
optiques. En sorte qu'il n'est pas plus
nécessaire que nôtre ame exerce immédiatement ses fonctions dans le
cœur, pour y sentir ses passions, qu'il
est nécessaire qu'elle soit dans le Ciel
pour y voir les astres.   Con-

*Comment
l'ame & le
corps agif-
fent l'un
contre l'au-
tre.*

Concevons donc ici que l'ame a fon fiége principal dans la petite glande qui eft au milieu du cerveau, d'où elle rayonne en tout le refte du corps par l'entremife des efprits, des nerfs, & même du fang, qui participant aux impreffions des efprits, les peut porter par les artéres en tous les membres. Et nous fouvenant de ce qui a été dit cideffus de la machine de notre corps, à favoir que les petits filets de nos nerfs font tellement diftribuez en toutes fes parties, qu'à l'occafion des divers mouvemens qui y font excitez par les objets fenfibles, ils ouvrent diverfement les pores du cerveau. Ce qui fait que les efprits animaux, contenus en fes cavitez entrent diverfement dans les mufcles; au mbien de quoi ils peuvent mouvoir les membres en toutes les diverfes façons qu'ils font capables d'être mûs; & auffi que toutes les autres caufes, qui peuvent diverfement mouvoir les efprits, fuffifent pour les conduire en divers mufcles. Ajoutons ici que la petite glande qui eft le principal fiége de l'ame, eft tellement fufpendue entre les cavitez qui contiennent ces efprits, qu'elle peut être mûe par eux en autant de diverfes façons, qu'il y a de diverfitez fenfibles dans les objets: mais qu'elle peut auffi être diverfement mûe par

par l'ame, laquelle eſt de telle nature, qu'elle reçoit autant de diverſes impreſ- ſions en elle, c'eſt à dire, qu'elle a tant de diverſes perceptions, qu'il a tant de divers mouvemens en cette glande. Comme auſſi réciproquement la machine du corps eſt tellement com- poſée, que de cela ſeul que cette glan- de eſt diverſement mûe par l'ame, ou par telle autre cauſe que ce puiſſe être, elle pouſſe les eſprits qui l'environnent vers ſes pores du cerveau, qui les con- duiſent par les nerfs dans les muſcles, au moien dequoi elle leur fait mouvoir les membres.

Ainſi par exemple, ſi nous voions quelque animal venir vers nous, la lu- miere réfléchie de ſon corps en peint deux images, une en chacun de nos yeux; & ces deux images en forment deux autres, par l'entremiſe des nerfs optiques, dans la ſuperficie interieure du cerveau, qui regarde ſes concavitez; puis de-là, par l'entremiſe des eſprits dont ces cavitez ſont remplies, ces ima- ges rayonnent en telle ſorte vers la pe- tite glande que ces eſprits environnent, que le mouvement qui compoſe cha- que point de l'une des images, tend vers le même point de la glande, vers lequel tend le mouvement, qui forme le point de l'autre image, lequel repré-

XXXV.
Exemple de
la façon
que les im-
preſſions
des objets
s'uniſſent
en la glan-
de qui eſt
au milieu
du cerveau.

B 4   ſente

 fente la même partie de cet animal ; au
moien de quoi les deux images qui font
dans le cerveau n'en compofent qu'une
feule fur la glande , qui agiffant immédiatement contre l'ame , lui fait voir la
figure de cet animal.

XXXVI.
Exemple de la façon que les Paf-fions font excitées en l'ame.

Et outre cela fi cette figure eft fort
étrange & fort effroiable ; c'eft à dire,
fi elle a beaucoup de raport avec les
chofes qui ont été auparavant nuifibles
au corps , cela excite en l'ame la paffion de la crainte , & enfuite celle de
la hardieffe , ou bien celle de la peur
ou de l'épouvante , felon le divers tem-
perament du corps , ou la force de l'a-
me , & felon qu'on s'eft auparavant ga-
renti par la défenfe ou par la fuite ,
contre les chofes nuifibles aufquelles
l'impreffion préfente a du raport. Car
cela rend le cerveau tellement difpofé
en quelques hommes , que les efprits
réfléchis de l'image ainfi formée fur la
glande , vont de-là fe rendre , partie
dans les nerfs qui fervent à tourner le
dos & remuer les jambes pour s'enfuir ;
& partie en ceux qui élargiffent ou étré-
ciffent tellement les orifices du cœur ,
ou bien qui agitent tellement les autres
parties d'où le fang lui eft envoié , que
ce fang y étant raréfié d'autre façon
que de coutume , il envoie des efprits
au cerveau , qui font propres à entretenir

tenir & fortifier la passion de la peur; c'est à dire, qui sont propres à tenir ouverts, ou bien à ouvrir derechef les pores du cerveau qui les conduisent dans les mêmes nerfs. Car de cela seul que ces esprits entrent en ces pores, ils excitent un mouvement particulier en cette glande, lequel est institué de la nature, pour faire sentir à l'ame cette passion. Et pource que ces pores se rapportent principalement aux petits nerfs, qui servent à reserrer ou élargir les orifices du cœur, cela fait que l'ame la sent principalement comme dans le cœur.

Et pource que le semblable arrive en toutes les autres passions, à savoir qu'elles sont principalement causées par les esprits contenus dans les cavitez du cerveau, en tant qu'ils prennent leur cours vers les nerfs, qui servent à élargir ou étrécir les orifices du cœur, ou à pousser diversement vers lui le sang qui est dans les autres parties, ou en quelque autre façon que ce soit à entretenir la même passion: On peut clairement entendre de ceci, pourquoi j'ai mis ci-dessus en leur définition, qu'elles sont causées par quelque mouvement particulier des esprits.

XXXVII.
Comment il paroît qu'elles sont toutes causées par quelque mouvemēt des esprits.

Au reste en même façon que le cours que

XXXVIII.
Exemple des mouvemens du corps qui

accompagneūt les passions, *& ne dépendent point de l'ame.*

I. PART. que prennent ces esprits vers les nerfs
du cœur, suffit pour donner le mouvement à la glande, par lequel la peur
est mise dans l'ame; ainsi aussi par cela
seul que quelques esprits vont en même
tems vers les nerfs, qui servent à remuer les jambes pour fuir, ils causent
un autre mouvement en la même glande, par le moien duquel l'ame sent &
apperçoit cette fuite, laquelle peut en
cette façon être excitée dans le corps,
par la seule disposition des organes,
& sans que l'ame y contribue.

XXXIX.
*Comment
une même
cause peut
exciter di-
verses pas-
sions en di-
vers hom-
mes.*

La même impression que la présence d'un objet effroiable fait sur la glande, & qui cause la peur en quelques
hommes, peut exciter en d'autres le
courage & la hardiesse : dont la raison
est, que tous les cerveaux ne sont pas
disposez en même façon, & que le
même mouvement de la glande, qui
en quelques-uns excite la peur, fait dans
les autres que les esprits entrent dans les
pores du cerveau, qui les conduisent
partie dans les nerfs qui servent à remuer les mains pour se défendre, &
partie en ceux qui agitent & poussent le
sang vers le cœur, en la façon qui est
requise pour produire des esprits propres à continuer cette défense, & en
retenir la volonté.

Car

Car il est besoin de remarquer que
le principal effet de toutes les passions
dans les hommes, est qu'elles incitent
& disposent leur ame à vouloir les choses ausquelles elles préparent leur corps:
en sorte que le sentiment de la peur
l'incite à vouloir fuir, celui de la hardiesse à vouloir combattre : & ainsi des
autres.

Mais la volonté est tellement libre
de sa nature, qu'elle ne peut jamais être
contrainte : & des deux sortes de pensées que j'ai distinguées en l'ame ; dont
les unes sont ses actions, à savoir ses
volontez ; les autres ses passions, en
prenant ce mot en sa plus générale signification, qui comprend toutes sortes de perceptions ; les premiéres sont
absolument en son pouvoir, * & ne
peuvent qu'indirectement être changées
par le corps ; comme au contraire les
derniéres dépendent absolument des
actions qui les produisent, & elles ne
peuvent qu'indirectement être changées par l'ame, excepté lors qu'elle est
elle-même leur cause. Et toute l'action
de l'ame consiste en ce que par cela
seul qu'elle veut quelque chose, elle
fait que la petite glande, à qui elle est
étroitement jointe, se meut en la façon
qui est requise pour produire l'effet qui
se raporte à cette volonté.

B 6   Ainsi

I. PART.
XL.

Quel est le principal effet des passions.

X L I.

Quel est le pouvoir de l'ame au regard du corps.

* *Lisez sur ce sujet le dernier article du 1. ch. du Livre de la Recherche de la verité, & le second Eclaircissement sur ce chapitre.*

XLII.
Comment on trouve en sa mémoire les choses dont on veut se souvenir.

Ainsi lors que l'ame veut se souvenir de quelque chose, cette volonté fait que la glande se penchant successivement vers divers cotez, pousse les esprits vers divers endroits du cerveau, jusques à ce qu'ils rencontrent celui où sont les traces que l'objet dont on veut se souvenir y a laissées. Car ces traces ne sont autre chose sinon que les pores du cerveau, par où les esprits ont auparavant pris leur cours, à cause de la présence de cet objet, ont acquis par cela une plus grande facilité que les autres, à être ouverts derechef en même façon, par les esprits qui viennent vers eux : en sorte que ces esprits rencontrant ces pores, entrent dedans plus facilement que dans les autres : au moien dequoi ils excitent un mouvement particulier en la glande, lequel représente à l'ame le même objet, & lui fait connoître qu'il est celui duquel elle vouloit se souvenir.

XLIII.
Comment l'ame peut imaginer, être attentive, & mouvoir le corps.

Ainsi quand on veut imaginer quelque chose qu'on n'a jamais vûe, cette volonté a la force de faire que la glande se meut en la façon qui est requise, pour pousser les esprits vers les pores du cerveau, par l'ouverture desquels cette chose peut être représentée. Ainsi quand on veut arrêter son attention à considérer quelque tems un même objet,

jet, cette volonté retient la glande pen- I. PART
dant ce tems-là, panchée vers un mê-
me coté. Ainsi enfin quand on veut
marcher, ou mouvoir son corps en
quelque autre façon, cette volonté fait
que la glande pousse les esprits vers les
muscles qui servent à cet effet.

Toutefois ce n'est pas toujours la
volonté d'exciter en nous quelque mouvement, ou quelque autre effet, qui
peut faire que nous l'excitons : mais
cela change selon que la nature ou l'habitude ont diversement joint chaque
mouvement de la glande à chaque pensée. Ainsi par exemple, si on veut dis-
poser ses yeux à regarder un objet fort
éloigné, cette volonté fait que leur
prunelle s'élargit ; & si on les veut dis-
poser à regarder un objet fort proche,
cette volonté fait qu'elle s'étrécit. Mais
si on pense seulement à élargir la prunelle, on a beau en avoir la volonté,
on ne l'élargit point pour cela : d'autant que la nature n'a pas joint le mouvement de la glande, qui sert à pousser les esprits vers le nerf optique en
la façon qui est requise pour élargir ou
étrécir la prunelle, avec la volonté de
l'élargir on étrecit, mais bien avec
celle de regarder des objets éloignez
ou proches. Et lors qu'en parlant nous
ne pensons qu'au sens de ce que nous
vou-

 voulons dire, cela fait que nous re-
muons la langue & lévres beaucoup
plus promptement & beaucoup mieux,
que si nous pensions à les remüer en
toutes les façons qui sont requises pour
proférer les mêmes paroles. D'autant
que l'habitude, que nous avons acqui-
se en apprenant à parler, a fait que
nous avons joint l'action de l'ame, qui
par l'entremise de la glande peut mouvoir la langue & les lévres, avec la signification des paroles qui suivent de
ces mouvemens, plûtôt qu'avec les
mouvemens mêmes.

XLV.
*Quel est le
pouvoir de
l'ame au
regard de
ses passions.*

Nos passions ne peuvent pas aussi
directement être excitées ni ôtées par
l'action de nôtre volonté ; mais elles
peuvent l'être indirectement par la re-
présentation des choses qui ont coûtume d'être jointes avec les passions
que nous voulons avoir, & qui sont
contraires à celles que nous voulons
rejetter. Ainsi pour exciter en soi la
hardiesse & ôter la peur, il ne suffit
pas d'en avoir la volonté, mais il faut
s'appliquer à considérer les raisons, les
objets, ou les exemples, qui persuadent que le péril n'est pas grand ; qu'il
y a toujours plus de sûreté en la def-
fense qu'en la fuite ; qu'on aura de la
gloire & de la joie d'avoir vaincu, au
lieu qu'on ne peut attendre que du regret

gret & de la honte d'avoir fuï ; & choſes ſemblables.

Et il y a une raiſon particuliére qui
empêche l'ame de pouvoire promptement changer ou arrêter ſes paſſions,
laquelle m'a donné ſujet de mettre ci-
deſſus en leur définition qu'*elles ſont
non ſeulement cauſées, mais auſſi entre-
tenuës & fortifiées, par quelque mouvement particulier des eſprits.* Cette raiſon eſt, qu'elles ſont preſque toutes
accompagnées de quelques émotions
qui ſe fait dans le cœur, & par conſéquent auſſi en tout le ſang & les eſprits,
en ſorte que juſques à ce que cette
émotion ait ceſſé, elles demeurent préſentes à nôtre penſée, en même façon
que les objets ſenſibles y ſont préſens,
pendant qu'ils agiſſent contre les organes de nos ſens. Et comme l'ame
en ſe rendant fort attentive à quelque
autre choſe peut s'empécher d'ouïr un
petit bruit, ou de ſentir une petite douleur, mais ne peut s'empécher en même façon d'ouïr le tonnerre ; ou de
ſentir le feu qui brûle la main. Ainſi
elle peut aiſément ſurmonter les moindres paſſions, mais non pas les plus
violentes & les plus fortes, ſinon après
que l'émotion du ſang & des eſprits eſt
appaiſée. Le plus que la volonté puiſſe
faire, pendant que cette émotion eſt

en

I. PART. en fa vigueur, c'eſt de ne pas conſentir à ſes effects, & de retenir pluſieurs des mouvemens auſquels elle diſpoſe le corps. Par exemple, ſi la colére fait lever la main pour fraper, la volonté peut ordinairement la retenir ; ſi la peur incite les jambes à fuir, la volonté les peut arréter ; & ainſi des autres.

XLVII.

En quoi conſiſtent les combats qu'on a coûtume d'imaginer entre la partie inférieure & la ſupérieure de l'ame.

Et ce n'eſt qu'en la répugnance qui eſt entre les mouvemens que le corps par ſes eſprits, & l'ame par ſa volonté, tendent à exciter en même tems dans la glande, que conſiſtent tous les combats qu'on a coutume d'imaginer, entre la partie inférieure de l'ame, qu'on nomme ſenſitive, & la ſupérieure qui eſt raiſonnable ; ou bien entre les appétits naturels, & la volonté. Car il n'y a en nous qu'une ſeule ame, & cette ame n'a en ſoi aucune diverſité de parties ; la même qui eſt ſenſitive, eſt raiſonnable ; & tous ſes appétits ſont des volontez. L'erreur qu'on a commiſe en lui faiſant jouer divers perſonnages, qui ſont ordinairement contraires les uns aux autres, ne vient que de ce qu'on n'a pas bien diſtingué ſes fonctions d'avec celles du corps, auquel ſeul on doit attribuer, tout ce qui peut être remarqué en nous qui répugne à notre raiſon. En ſorte qu'il n'y a point en ceci d'autre combat, ſinon que la petite glande qui

est au milieu du cerveau, pouvant être **I. Part.**
poussée d'un coté par l'ame, & de l'autre par les esprits animaux, qui ne sont
que des corps, ainsi que j'ai dit ci-dessus, il arrive souvent que ces deux im-
pulsions sont contraires, & que la plus
forte empêche l'effet de l'autre. Or on
peut distinguer deux sortes de mouvemens, excitez par les esprits dans la
glande ; les uns représentent à l'ame
les objets qui meuvent les sens, ou les
impressions qui se rencontrent dans le
cerveau, & ne font aucun effort sur sa
volonté ; les autres y font quelque effort, à savoir ceux qui causent les passions ou les mouvemens du corps qui
les accompagnent. Et pour les premiers, encore qu'ils empêchent souvent
les actions de l'ame, ou bien qu'ils
soient empêchez par elles, toutefois à
cause qu'ils ne sont pas directement
contraires, on n'y remarque point de
combat. On en remarque seulement
entre les derniers & les volontez qui
leur répugnent ; par exemple, entre
l'effort dont les esprits poussent la glande pour causer en l'ame le desir de quelque chose, & celui dont l'ame la re-
pousse par la volonté qu'elle a de fuir
la même chose. Et ce qui fait principalement paroître ce combat, c'est que
la volonté n'aiant pas le pouvoir d'ex-

citer

I. PART. citer directement les paffions, ainfi qu'il a déja été dit, elle eft contrainte d'ufer d'induftrie, & de s'appliquer à confidérer fucceffivement diverfes chofes; dont s'il arrive que l'une ait la force de changer pour un moment le cours des efprits, il peut arriver que celle qui fuit ne l'a pas, & qu'ils le reprennent auffi-tôt après, à caufe que la difpofition qui a précédé dans les nerfs, dans le cœur, & dans le fang, n'eft pas changée : ce qui fait que l'ame fe fent pouffée prefque en même tems à defirer & ne defirer pas une même chofe : & c'eft de là qu'on a pris occafion d'imaginer en elle deux puiffances qui fe combattent. Toutefois on peut encore concevoir quelque combat, en ce que fouvent la même caufe qui excite en l'ame quelque paffion, excite auffi certains mouvemens dans le corps, aufquels l'ame ne contribue point, & lefquels elle arrête ou tâche d'arrêter fitôt qu'elle les apperçoit : comme on éprouve lors que ce qui excite la peur, fait auffi que les efprits entrent dans les mufcles qui fervent à remuer les jambes pour fuir, & que la volonté qu'on a d'être hardi les arrête.

XLVIII.
En quoi on connoît la force ou la foibleffe des ames, Or c'eft par le fuccez de ces combats que chacun peut connoître la force ou la foibleffe des ames, & quel eft le mal des plus foibles.

ce ou la foiblesse de son ame. Car ceux
en qui naturellement la volonté peut
le plus aisément vaincre les passions,
& arrêter les mouvemens du corps qui
les accompagnent, ont sans doute les
ames les plus fortes. Mais il y en a qui
ne peuvent éprouver leur force, pource qu'ils ne font jamais combattre leur
volonté avec ses propres armes, mais
seulement avec celles que lui fournissent quelques passions pour resister à
quelques autres. Ce que je nomme ses
propres armes, sont des jugemens fermes & déterminez touchant la connoissance du bien & du mal, suivant lesquels elle a résolu de conduire les
actions de sa vie. Et les ames les plus
foibles de toutes, sont celles dont la
volonté ne se détermine point ainsi à
suivre certains jugemens, mais se laisse
continuellement emporter aux passions
présentes, lesquelles étant souvent contraires les unes aux autres, la tirent
tour à tour à leur parti, & l'emploiant
à combattre contre elle-même, mettent l'ame au plus déplorable état qu'elle puisse être. Ainsi lorsque la peur représente la mort comme un mal extrême, & qui ne peut être évité que par
la fuite, si l'ambition d'autre coté représente l'infamie de cette fuite, comme un mal pire que la mort : ces deux
pas-

I. PART. paſſions agitent diverſement la volonté, laquelle obéiſſant tantôt à l'une, tantôt à l'autre; s'oppoſe continuellement à ſoi-même, & auſſi rend l'ame eſclave & malheureuſe.

XLIX.
Que la for-
ce de l'ame
ne ſuffit
pas ſans la
connoiſſan-
ce de la
verité.

Il eſt vrai qu'il y a fort peu d'hommes ſi foibles & irréſolus, qu'ils ne veuillent rien que ce que leur paſſion préſente leur dicte. La plûpart ont des jugemens déterminez, ſuivant leſquels ils réglent une partie de leurs actions. Et bien que ſouvent ces jugemens ſoient faux, & même fondez ſur quelques paſſions, par leſquelles la volonté s'eſt auparavant laiſſée vaincre ou ſéduire; toutefois à cauſe qu'elle continue de les ſuivre, lorſque la paſſion qui les a cauſez eſt abſente, on les peut conſidérer comme ſes propres armes, & penſer que les ames ſont plus fortes ou plus foibles, à raiſon de ce qu'elles peuvent plus ou moins ſuivre ces jugemens, & réſiſter aux paſſions préſentes qui leur ſont contraires. Mais il y a pourtant grande difference entre les reſolutions qui procédent de quelque fauſſe opinion, & celles qui ne ſont appuiées que ſur la connoiſſance de la verité : d'autant que ſi on ſuit ces dernières, on eſt aſſuré de n'en avoir jamais de regret, ni de répentir; au lieu qu'on en a toujours d'avoir ſuivi les
pre-

premiéres, lors qu'on en découvre l'er-
reur.

Et il est utile ici de savoir, que comme il a déja été dit ci-dessus, encore que chaque mouvement de la glande semble avoir été joint par la nature à chacune de nos pensées dès le commencement de notre vie, on les peut toutefois joindre à d'autres par habitude; ainsi que l'expérience fait voir aux paroles, qui excitent des mouvemens en la glande, lesquels selon l'institution de la nature ne représentent à l'ame que leur son, lors qu'elles sont proferées de la voix, ou la figure de leurs lettres, lors qu'elles sont écrites, & qui néanmoins par l'habitude qu'on a acquise en pensant à ce qu'elles signifient, lors qu'on a oui leur son, ou bien qu'on a vû leurs lettres, ont coutume de faire concevoir cette signification, plutôt que la figure de leurs lettres, ou bien le son de leurs sillabes. Il est utile aussi de savoir, qu'encore que les mouvemens tant de la glande que des esprits & du cerveau, qui représentent à l'ame certains objets, soient naturellement joints avec ceux qui excitent en elle certaines passions, ils peuvent toutefois par habitude en être séparez, & joints à d'autres fort differens; & même que cette habitude peut être

L.

Qu'il n'y a point d'ame si foible, qu'elle ne puisse étant bien conduite acquérir un pouvoir absolu sur ses passions.

I. PART. être acquife par une feule action, & ne requiert point un long ufage. Ainfi lors qu'on rencontre inopinément quelque chofe de fort fale, en une viande qu'on mange avec appétit, la furprife de cette rencontre peut tellement changer la difpofition du cerveau, qu'on ne pourra plus voir par après de telle viande qu'avec horreur, au lieu qu'on la mangeoit auparavant avec plaifir. Et on peut remarquer la même chofe dans les bêtes; car encore qu'elles n'aient point de raifon, ni peut-être auffi aucune penfée, tous les mouvemens des efprits & de la glande, qui excitent en nous les paffions, ne laiffent pas d'être en elles, & d'y fervir à entretenir & fortifier, non pas comme en nous les paffions, mais les mouvemens des nerfs & des mufcles, qui ont coutume de les accompagner. Ainfi lors qu'un chien voit une perdrix, il eft naturellement porté à courir vers elle, & lors qu'il oit tirer un fuzil, ce bruit l'incite naturellement à s'enfuir: mais néanmoins on dreffe ordinairement les chiens couchans en telle forte, que la vue d'une perdrix fait qu'ils s'arrêtent, & que le bruit qu'ils oyent après, lors qu'on tire fur elle, fait qu'ils y accourent. Or ces chofes font utiles à favoir, pour donner

ner

ter le courage à un chacun d'étudier I. PART.
ses passions. Car puis qu'on
avec un peu d'industrie changer
mouvemens du cerveau, dans les
maux dépourvûs de raison, il est
ident qu'on le peut encore mieux
es hommes; & que ceux mêmes
ont les plus foibles ames, pour-
ent acquérir un empire trés-absolu
toutes leurs passions, si on em-
ployoit assez d'industrie à les dresser,
à les conduire.

L A

PHILOSOPHIE

MORALE

DE MONSIEUR

DESCARTES.

SECONDE PARTIE.

Du nombre & de l'ordre des Passions,
& l'explication des six primitives.

I.
Quelles sont les premiéres causes des passions.

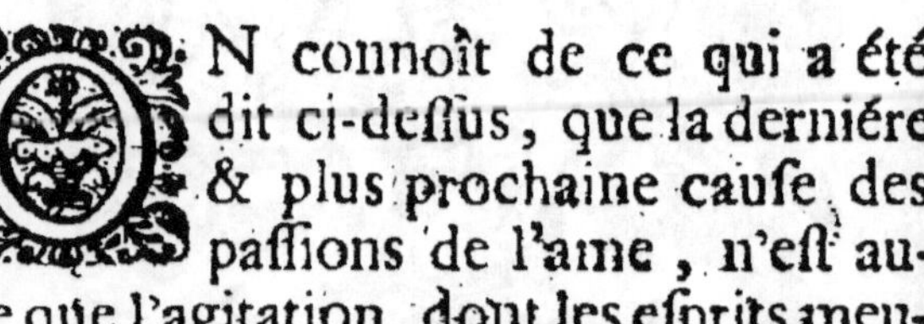

N connoît de ce qui a été dit ci-deſſus, que la derniére & plus prochaine cauſe des paſſions de l'ame, n'eſt autre que l'agitation, dont les eſprits meuvent la petite glande qui eſt au milieu du cerveau. Mais cela ne ſuffit pas pour les pouvoir diſtinguer les unes des autres : il eſt beſoin de rechercher leurs ſources, & d'examiner leurs premiéres cauſes. Or encore qu'elles puiſſent quelquefois être cauſées par l'action de l'ame, qui ſe détermine à concevoir tels ou tels objets ; & auſſi par le tempérament du corps, ou par les impreſſions

preſſions qui ſe rencontrent fortuitement dans le cerveau, comme il arrive lors qu'on ſe ſent triſte ou joieux
ſans en pouvoir dire aucun ſujet ; Il
paroît néanmoins par ce qui a été dit,
que toutes les mêmes peuvent auſſi
être excitées par les objets qui meuvent les ſens , & que ces objets ſont
leurs cauſes plus ordinaires & principales. D'où il ſuit que pour les trouver toutes, il ſuffit de conſidérer tous
les effets de ces objets.

Je remarque outre celà, que les objets qui meuvent les ſens , n'excitent
pas en nous diverſes paſſions à raiſon
de toutes les diverſitez qui ſont en eux,
mais ſeulement à raiſon des diverſes
façons qu'ils nous peuvent nuire ou
profiter, ou bien en géneral être importans ; Et que l'uſage de toutes les
paſſions conſiſte en celà ſeul, qu'elles
diſpoſent l'ame à vouloir les choſes
que la nature dicte nous être utiles, &
à perſiſter en cette volonté ; comme
auſſi la même agitation des eſprits, qui
a coutume de les cauſer, diſpoſe le
corps aux mouvemens qui ſervent à
l'exécution de ces choſes. C'eſt pourquoi afin de les dénombrer, il faut
ſeulement examiner par ordre, en
combien de diverſes façons qui nous
importent nos ſens peuvent être mûs

II.Part.

I I.
Quel eſt
leur uſage,
& com-
ment on les
peut dé-
nombrer.

C   par

II. PAR. par leurs objets. Et je ferai ici le dénombrement de toutes les principales
passions selon l'ordre qu'elles peuvent
ainsi être trouvées.

L'ORDRE ET LE DE'NOMBRE-MENT DES PASSIONS.

I I I.
L'Admiration.

Lors que la premiére rencontre de quelque objet nous surprend, & que nous le jugeons être nouveau, ou fort different de ce que nous connoissions auparavant, ou bien de ce que nous suposions qu'il devoit être, celà fait que nous l'admirons & en sommes étonnez. Et pource que celà peut arriver avant que nous connoissions aucunement si cet objet nous est convenable, ou s'il ne l'est pas, il me semble que l'*Admiration* est la premiére de toutes les passions. Et elle n'a point de contraire, à cause que si l'objet qui se présente n'a rien en soi qui nous surprenne, nous n'en sommes aucunement émûs, & nous le considérons sans passion.

I V.
L'estime, & le mépris; la Générosité, ou l'Orgueil; & l'Humilité, ou la Bassesse.

A l'Admiration est jointe l'*Estime* ou le *Mépris*, selon que c'est la grandeur

deur d'un objet ou sa petitesse que nous admirons. Et nous pouvons ainsi nous estimer ou mépriser nous-mêmes : d'où viennent les passions, & ensuite les habitudes de *Magnanimité* ou d'*Orgueil*, & d'*Humilité* ou de *Bassesse*.

Mais quand nous estimons ou méprisons d'autres objets, que nous considérons comme des causes libres capables de faire du bien ou du mal ; de l'Estime vient la *Vénération*, & du simple mépris le *Dédain*.

V.
La Véné-
ration, &
le Dédain.

Or toutes les passions précédentes peuvent être excitées en nous, sans que nous appercevions en ancune façon si l'objet qui les cause est bon ou mauvais. Mais lors qu'une chose nous est représentée comme bonne à notre égard ; c'est-à-dire, comme nous étant convenable, celà nous fait avoir pour elle de l'*Amour* : Et lors qu'elle nous est représentée comme mauvaise ou nuisible ; celà nous excite à la *Haine*.

VI.
L'Amour
& la Hai-
ne.

De la même considération du bien & du mal naissent toutes les auttes passions : mais afin de les mettre par ordre, je distingue les tems ; & considérant qu'elles nous portent bien plus à regarder l'avenir que le présent ou le passé, je commence par le *Desir*. Car non seulemeut lors qu'on desire

VII.
Le Desir.

aqué-

II. PAR. aquérir un bien qu'on n'a pas encore, ou bien éviter un mal qu'on juge pouvoir arriver ; mais aussi lors qu'on ne souhaitte que la conservation d'un bien, ou l'absence d'un mal, qui est tout ce à quoi se peut étendre cette passion ; il est évident qu'elle regarde toûjours l'avenir.

VIII.
L'Espérance, la Crainte, la Jalousie, la Sécurité, & le Desespoir.

Il suffit de penser que l'aquisition d'un bien ou la fuite d'un mal est possible, pour être incité à la desirer. Mais quand on considére outre celà, s'il y a beaucoup ou peu d'apparence qu'on obtienne ce qu'on desire ; ce qui nous représente qu'il y en a beaucoup, excite en nous l'*Espérance* ; & ce qui nous représente qu'il y en a peu, excite la *Crainte*, dont la *Jalousie* est une espéce. Et lors que l'Espérance est extrême, elle change de nature, & se nomme *Sécurité* ou Assûrance : Comme au contraire l'extrême Crainte devient *Desespoir*.

IX.
L'Irrésolution, le Courage, la Hardiesse, l'Emulation, la Lâcheté, & l'Epouvante.

Et nous pouvons ainsi espérer & craindre ; encore que l'événement de ce que nous attendons ne dépende aucunement de nous. Mais quand il nous est représenté comme en dépendant, il peut y avoir de la difficulté en l'élection des moiens, ou en l'exécution. De la premiére vient l'*Irrésolution*, qui nous dispose à délibérer & prendre conseil.

seil. A la derniére s'oppose le *Coura-*
ge, ou la *Hardiesse*, dont l'*Emulation*
est une espéce. Et la *Lâcheté* est contraire au courage, comme la Peur ou
l'*Epouvante* à la Hardiesse.

II. PAR.

Et si on s'est déterminé à quelque
action, avant que l'Irrésolution fût
ôtée, celà fait naître le *Remors* de
conscience : lequel ne regarde pas
le tems à venir comme les passions
précédentes, mais le présent ou le
passé.

X.
Le Remors.

Et la considération du bien présent
excite en nous de la *Joie*, celle du
mal de la *Tristesse*, lors que c'est un
bien ou un mal qui nous est représenté comme nous appartenant.

X I.
La Joie &
la Tristesse.

Mais lors qu'il nous est représenté
comme appartenant à d'autres hommes ; nous pouvons les en estimer
dignes ou indignes : Et lors que nous
les en estimons dignes, celà n'excite
point en nous d'autre passion que la
Joie, entant que c'est pour nous quelque bien de voir que les choses arrivent comme elles doivent. Il y a
seulement cette différence, que la
Joie qui vient du bien est sérieuse ; au
lieu que celle qui vient du mal est accompagnée de Ris & de *Moquerie.*
Mais si nous les en estimons indignes,
le bien excite l'*Envie*, & le mal

X I I.
La Mo-
querie,
l'Envie, la
Pitié.

la

II. PAR. la *Pitié*, qui sont des espéces de Tristesse. Et il est à remarquer que les mêmes passions qui se raportent aux biens ou aux maux présens ; peuvent souvent aussi être raportées à ceux qui sont à venir, entant que l'opinion qu'on a qu'ils aviendront, les répréfente comme présens.

XIII.
La Satis-
faction de
soi-même,
& le Re-
pentir.

Nous pouvons aussi considérer la cause du bien ou du mal, tant présent que passé. Et le bien qui a été fait par nous-mêmes nous donne une satisfaction intérieure, qui est la plus douce de toutes les passions : Au lieu que le mal excite le *Repentir*, qui est la plus amére.

XIV.
La Faveur,
& la Re-
connoissan-
ce.

Mais le bien qui a été fait par d'autres, est cause que nous avons pour eux de la *Faveur*, encore que ce ne soit point à nous qu'il ait été fait : Et si c'est à nous ; à la Faveur nous joignons la *Reconnoissance*.

XV.
L'Indi-
gnation &
la Colére.

Tout de même le mal fait par d'autres, n'étant point raporté à nous, fait seulement que nous avons pour eux de l'*Indignation* ; Et lors qu'il y est raporté, il émeut aussi la *Colére*.

XVI.
La Gloire,
& la Hon-
te.

De plus le bien qui est, ou qui a été en nous, étant raporté à l'opinion que les autres en peuvent avoir, excite en nous de la *Gloire* ; & le mal de la *Honte*.

Et

Et quelquefois la durée du bien caufe l'Ennui, ou le *Dégoût* ; au lieu que
celle du mal diminuë la Trifteffe. Enfin du bien paffé vient le *Regret*, qui
eft une efpéce de Trifteffe ; Et du mal
paffé vient l'*Allégreffe*, qui eft une efpéce de Joie.

Voilà l'ordre qui me femble être le
meilleur pour dénombrer les Paffions.
En quoi je fai bien que je m'éloigne
de l'opinion de tous ceux qui en ont
ci-devant écrit ; Mais ce n'eft pas fans
grande raifon. Car ils tirent leur dénombrement de ce qu'ils diftinguent
en la partie fenfitive de l'ame deux
appétits, qu'ils nomment, l'un *Concupifcible*, & l'autre *Irafcible*. Et pource que je ne connois en l'ame aucune
diftinction de parties, ainfi que j'ai dit
ci-deffus, celà me femble ne fignifier
autre chofe finon qu'elle a deux facultez, l'une de defirer, l'autre de fe
fâcher ; & à caufe qu'elle a en même
façon les facultez d'admirer, d'aimer,
d'efpérer, de craindre, & ainfi de recevoir en foi chacune des autres paffions, ou de faire les actions aufquelles ces paffions la pouffent ; je ne voi
pas pourquoi ils ont voulu les raporter toutes à la concupifcence ou à la
colére : Outre que leur dénombrement
ne compte point toutes les principales

II. PAR.
XVII.
*Le Dégoût, le
Regret, &
l'Allégreffe.*

XVIII.
*Pourquoi
ce dénombrement
des Paffions eft
différent de
celui qui eft
communément reçû.*

II. PAR. les paſſions , comme je croi que fait cettui-ci. Je parle ſeulement des principales , à cauſe qu'on en pourroit encore diſtinguer pluſieurs autres plus particuliéres , & leur nombre eſt indéfini.

XIX.
Qu'il n'y a que ſix Paſſions primitives.

Mais le nombre de celles qui ſont ſimples & primitives, n'eſt pas fort-grand. Car en faiſant une revüë ſur toutes celles que j'ai dénombrées , on peut aiſément remarquer qu'il n'y en a que ſix qui ſoient telles ; à ſavoir *l'Admiration*, *l'Amour*, *la Haine*, *le Deſir*, *la Joie*, & *la Triſteſſe*; Et que toutes les autres ſont compoſées de quelques-unes de ces ſix , ou bien en ſont des eſpéces. C'eſt pourquoi afin que leur multitude n'embarraſſe point les lecteurs , je traiterai ici ſéparément des ſix primitives ; & par après je ferai voir en quelle façon toutes les autres en tirent leur origine.

DE L'ADMIRATION.

X X.
Sa définition & ſa cauſe.

L'Admiration eſt *une ſubite ſurpriſe de l'ame , qui fait qu'elle ſe porte à conſidérer avec attention les objets qui lui ſemblent rares & extraordinaires.* Ainſi elle eſt cauſée premiérement par l'impreſſion qu'on a dans le cerveau,

veau, qui repréſente l'objet comme
rare, & par conſéquent digne d'être
fort conſidéré ; puis enſuite par le mouvement des eſprits, qui ſont diſpoſez par cette impreſſion à tendre avec
grande force vers l'endroit du cerveau
où elle eſt, pour l'y fortifier & conſer-
ver : comme auſſi ils ſont diſpoſez par
elle à paſſer delà dans les muſcles, qui
ſervent à retenir les organes des ſens
en la même ſituation qu'ils ſont, afin
qu'elle ſoit encore entretenuë par
eux, ſi c'eſt par eux qu'elle a été formée.

Et cette paſſion a celà de particulier, qu'on ne remarque point qu'elle ſoit accompagnée d'aucun changement qui arrive dans le cœur & dans le
ſang, ainſi que les autres paſſions :
Dont la raiſon eſt, que n'aiant pas le
bien ni le mal pour objet, mais ſeulement la connoiſſance de la choſe qu'on
admire ; elle n'a point de raport avec le
cœur & le ſang, deſquels dépend tout
le bien du corps, mais ſeulement avec
le cerveau, où ſont les organes des ſens
qui ſervent à cette connoiſſance.

Ce qui n'empêche pas qu'elle n'ait
beaucoup de force, à cauſe de la ſurpriſe, c'eſt-à-dire, de l'arrivement
ſubit & inopiné de l'impreſſion qui
change le mouvement des eſprits, laquelle

II. PAR.

XXI.
*Qu'il n'ar-
rive aucun
change-
ment dans
le cœur, ni
dans le
ſang en cet-
te paſſion.*

XXII.
*En quoi
conſiſte la
force de
l'Admi-
ration.*

II. Par. quelle surprise est propre, & particuliére à cette passion : en sorte que lorsqu'elle se rencontre en d'autres, comme elle a coûtume de se rencontrer
presque en toutes, & de les augmenter, c'est que l'admiration est jointe
avec elles. Et sa force dépend de deux
choses, à savoir de la nouveauté, &
de ce que le mouvement qu'elle cause, a dès son commencement toute
sa force. Car il est certain qu'un tel
mouvement a plus d'effet, que ceux
qui étant foibles d'abord, & ne crois-
sant que peu-à-peu, peuvent aisément
être détournez. Il est certain aussi que
les objets des sens qui sont nouveaux,
touchent le cerveau en certaines parties ausquelles il n'a point coutume
d'être touché ; & que ces parties étant
plus tendres, ou moins fermes, que
celles qu'une agitation frequente a en-
durcies, cela augmente l'effet des
mouvemens qu'ils y excitent. Ce qu'on
ne trouvera pas incroiable, si on considére que c'est une pareille raison qui
fait que les plantes de nos piés étant
accoûtumées à un attouchement assez rude, par la pesanteur du corps
qu'elles portent, nous ne sentons que
fort peu cet attouchement quand nous
marchons ; au lieu qu'un autre beaucoup moindre & plus doux, dont
on

on les chatouille , nous est presque
insuportable , à cause seulement qu'il
ne nous est pas ordinaire.

Et cette surprise a tant de pouvoir,
pour faire que les esprits , qui sont
dans les cavitez du cerveau , y prennent leur cours vers le lieu où est l'impression de l'objet qu'on admire ,
qu'elle les y pousse quelquefois tous ,
& fait qu'ils sont tellement occupez à
conserver cette impression , qu'il n'y
en a aucuns qui passent de là dans les
muscles , ni même qui se détournent
en aucune façon des premiéres traces
qu'ils ont suivies dans le cerveau : ce
qui fait que tout le corps demeure im-
mobile comme une statuë , & qu'on
ne peut appercevoir de l'objet que la
premiére face qui s'est présentée , ni
par conséquent en aquérir une plus
particuliére connoissance. C'est celà
qu'on nomme communément *être
étonné* ; & l'*Etonnement* est un excès
d'admiration, qui ne peut jamais être
que mauvais.

Or il est aisé à connoître de ce qui
a été dit ci-dessus, que l'utilité de toutes les passions ne consiste qu'en ce
qu'elles fortifient & font durer en l'a-
me des pensées , lesquelles il est bon
qu'elle conserve , & qui pourroient
facilement sans celà en être effacées:
Com-

XXIII.
Ce que c'est que l'Eton-nement.

XXIV.
A quoi servent toutes les passions, & à quoi elles nuisent.

II. PAR. Comme auſſi tout le mal qu'elles peuvent cauſer, conſiſte en ce qu'elles fortifient & conſervent ces penſées plus qu'il n'eſt beſoin ; ou bien qu'elles en fortifient & conſervent d'autres, auſquelles il n'eſt pas bon de s'arrêter.

XXV.
A quoi ſert particuliérement l'Admiration.

Et on peut dire en particulier de l'Admiration, qu'elle eſt utile, en ce qu'elle fait que nous apprenons & retenons en notre memoire les choſes que nous avons auparavant ignorées. Car nous n'admirons que ce qui nous paroît rare & extraordinaire : & rien ne nous peut paroître tel que pour ce que nous l'avons ignoré, ou même auſſi pour ce qu'il eſt différent des choſes que nous avons ſûës : car c'eſt cette différence qui fait qu'on le nomme extraordinaire. Or encore qu'une choſe qui nous étoit inconnuë ſe préſente de nouveau à nôtre entendement, ou à nos ſens, nous ne la retenons point pour cela en nôtre mémoire, ſi ce n'eſt que l'idée que nous en avons, ſoit fortifiée en nôtre cerveau par quelque paſſion ; ou bien auſſi par l'application de nôtre entendement, que nôtre volonté détermine à une attention & réflexion particuliére. Et les autres paſſions peuvent ſervir pour faire qu'on remarque les choſes qui paroiſ-

roiſſent bonnes ou mauvaiſes : mais
nous n'avons que l'admiration pour
celles qui paroiſſent ſeulement rares.
Auſſi voions-nous que ceux qui n'ont
aucune inclination naturelle à cette
paſſion, ſont ordinairement fort iguo-
rans.

Mais il arrive bien plus ſouvent
qu'on admire trop, & qu'on s'étonne, en appercevant des choſes qui ne
méritent que peu ou point d'être conſidérées, que non pas qu'on admire
trop peu. Et celà peut entiérement
ôter ou pervertir l'uſage de la raiſon.
C'eſt pourquoi encore qu'il ſoit bon
d'être né avec quelque inclination à
cette paſſion, pource que celà nous
diſpoſe à l'aquiſition des ſciences ; nous
devons toutefois tâcher par après de
nous en délivrer le plus qu'il eſt poſſible :
Car il eſt aiſé de ſuppléer à ſon défaut
par une reflexion & attention particuliére, à laquelle nôtre volonté peut toûjours
obliger nôtre entendement, lors que
nous jugeons que la choſe qui ſe préſente en vaut la peine. Mais il n'y a
point d'autre reméde pour s'empêcher
d'admirer avec excès, que d'aquérir
la connoiſſance de pluſieurs choſes, &
de s'exercer en la conſidération de toutes celles qui peuvent ſembler les plus
rares & les plus étranges.

II. PAR.

XXVI.

En quoi el-
le peut nui-
re : Et com-
ment en
peut ſup-
pléer à ſon
défaut, &
corriger
ſon excès.

Au

XXVII.

Que ce ne sont ni les plus stupides, ni les plus habiles, qui sont le plus portez à l'Admiration.

Au reste encore qu'il n'y ait que ceux qui sont hébétez & stupides, qui ne sont point portez de leur naturel à l'Admiration ; ce n'est pas à dire que ceux qui ont le plus d'esprit, y soient toûjours les plus enclins : mais ce sont principalement ceux qui, bien qu'ils aient un sens commun assez bon, n'ont pas toutefois grande opinion de leur suffisance.

XXVIII.

Que son excès peut passer en habitude lors qu'on manque de le corriger.

Et bien que cette passion semble se diminuer par l'usage, à cause que plus on rencontre de choses rares qu'on admire, plus on s'acoûtume à cesser de les admirer, & à penser que toutes celles qui se peuvent presenter par après sont vulgaires : Toutefois lors qu'elle est excessive, & qu'elle fait qu'on arrête seulement son attention sur la premiere image des objets qui se sont présentez, sans en aquérir d'autre connoissance ; elle laisse après soi une habitude, qui dispose l'ame à s'arrêter en même façon sur tous les autres objets qui se présentent, pourvû qu'ils lui paroissent tant soit peu nouveaux. Et c'est ce qui fait durer la maladie de ceux qui sont aveuglément curieux, c'est-à-dire, qui recherchent les raretez seulement pour les admirer, & non point pour les connoître : car ils deviennent peu à peu si admiratifs, que

des

des choſes de nulle importance ne ſont II. PAR.
pas moins capables de les arrêter, que
celles dont la recherche eſt plus utile.

DE L'AMOUR.

L'Amour eſt *une émotion de l'ame,*   XXIX.
cauſée par le mouvement des eſprits,   *Les defini-*
qui l'incite à ſe joindre de volonté aux   *tions de*
objets qui paroiſſent lui être convenables.   *l'Amour*
Et la Haine eſt *une émotion, cauſée par*   *& de la*
les eſprits, qui incite l'ame à vouloir   *Haine.*
être ſéparée des objets qui ſe préſentent
à elle comme nuiſibles. Je dis que ces
émotions ſont cauſées *par les eſprits,*
afin de diſtinguer l'Amour & la Haine,
qui ſont des paſſions & dépendent du
corps, tant des jugemens qui portent
auſſi l'ame à ſe joindre de volonté avec
les choſes qu'elle eſtime bonnes, & à
ſe ſéparer de celles qu'elle eſtime mauvaiſes, que des émotions que ces ſeuls
jugemens excitent en l'ame.

Au reſte par le mot de *volonté,* je   **XXX.**
n'entens pas ici parler du deſir, qui eſt   *Ce que c'eſt*
une paſſion à part ; & ſe raporte à l'a-   *que ſe join-*
venir : mais du conſentement par le-   *dre ou ſépa-*
quel on ſe conſidére dès à préſent com-   *rer de vo-*
me joint avec ce qu'on aime : en ſorte   *lonté.*
qu'on imagine un tout, duquel on
penſe être ſeulement une partie, &
que

II. PAR. que la chose aimée en est une autre : Comme au contraire en la haine on se considére seul comme un tout, entiérement séparé de la chose pour laquelle on a de l'aversion.

XXXI.
De la distinction qu'on a coûtume de faire entre l'Amour de concupiscence & de bien-vueillance.

Or on distingue communément deux sortes d'Amour, l'une desquelles est nommée *Amour de bien-vueillance*, c'est-à-dire, qui incite à vouloir du bien à ce qu'on aime ; l'autre est nommée *Amour de concupiscence*, c'est-à-dire, qui fait desirer la chose qu'on aime. Mais il me semble que cette distinction regarde seulement les effets de l'Amour, & non point son essence. Car si-tôt qu'on s'est joint de volonté à quelque objet, de quelle nature qu'il soit, on a pour lui de la bien-vueillance, c'est-à-dire, on joint aussi à lui de volonté les choses qu'on croit lui être convenables : ce qui est un des principaux effets de l'Amour. Et si on juge que ce soit un bien de le posséder, ou d'être associé avec lui d'autre façon que de volonté, on le desire : ce qui est aussi l'un des plus ordinaires effets de l'Amour.

XXXII.
Comment des passions fort différentes conviennent en ce qu'elles participent de l'Amour.

Il n'est pas besoin aussi de distinguer autant d'espéces d'Amour qu'il y a de divers objets qu'on peut aimer. Car, par exemple, encore que les passions qu'un

qu'un ambitieux a pour la gloire , un II. PAR.
avaricieux pour l'argent , un ivrogne
pour le vin, un brutal pour une femme qu'il veut violer , un homme d'honneur pour fon ami, ou pour fa Maî-
treffe , & un bon pére pour fes enfans,
foient bien différentes entre elles ; toutefois en ce qu'elles participent de l'A-
mour, elles font femblables. Mais les
quatre premiers n'ont de l'Amour que
pour la poffeffion des objets aufquels
fe rapporte leur paffion ; & n'en ont
point pour les objets mêmes , pour
lefquels ils ont feulement du defir,
mêlé avec d'autres paffions particuliéres. Au lieu que l'Amour qu'un bon
pére a pour fes enfans eft fi pure, qu'il
ne defire rien avoir d'eux , & ne veut
point les poffeder autrement qu'il fait,
ni être joint à eux plus étroitement
qu'il eft déja : mais les confidérant
comme d'autres foi-mêmes, il recherche leur bien comme le fien propre,
ou même avec plus de foin , pource
que fe repréfentant que lui & eux font
un tout, dont il n'eft pas la meilleure
partie , il préfére fouvent leurs inté-
réts aux fiens , & ne craint pas de fe
perdre pour les fauver. L'affcction que
les gens d'honneur ont pour leurs amis
eft de cette même nature , bien qu'elle foit rarement fi parfaite ; & celle
D
qu'ils

II. PAR. qu'ils ont pour leur Maîtresse en-participe beaucoup , mais elle participe aussi un peu de l'autre.

XXXIII.
De la dif-
férence qui
est entre la
simple Af-
fection ,
l'Amitié ,
& la Dé-
votion.

On peut ce me semble avec meilleure raison distinguer l'Amour , par l'estime qu'on fait de ce qu'on aime à comparaison de soi-même. Car lors qu'on estime l'objet de son Amour moins que soi, on n'a pour lui qu'une simple *Affection* ; lors qu'on l'estime à l'égal de soi, cela se nomme *Amitié* ; & lors qu'on l'estime d'avantage , la passion qu'on a , peut être nommée *Dévotion*. Ainsi on peut avoir de l'affection pour une fleur , pour un oiseau, pour un cheval : mais à moins que d'avoir l'esprit fort déréglé , on ne peut avoir de l'Amitié que pour des hommes. Et ils sont tellement l'objet de cette passion , qu'il n'y a point d'homme si imparfait, qu'on ne puisse avoir pour lui une amitié très-parfaite lors qu'on pense qu'on en est aimé , & qu'on a l'ame véritablement noble & généreuse : suivant ce qui sera expliqué ci-après , en l'Art. 154. & 156. Pour ce qui est de la Dévotion , son principal objet est sans doute la souveraine divinité; à laquelle on ne sauroit manquer d'être dévot , lors qu'on la connoît comme il faut : mais on peut aussi avoir de la Dévotion pour son

Prin-

Prince, pour son païs, pour sa vil- II. PAR.
le, & même pour un homme particulier, lors qu'on l'estime beaucoup
plus que soi. Or la différence qui est
entre ces trois sortes d'Amours, paroît principalement par leurs effets :
car dautant qu'en toutes on se considére comme joint & uni à la chose aimée, on est toûjours prêt d'abandon-
ner la moindre partie du tout qu'on
compose avec elle, pour conserver
l'autre. Ce qui fait qu'en la simple affection, l'on se préfére toûjours à ce
qu'on aime ; Et qu'au contraire en
la Dévotion, l'on préfére tellement
la chose aimée à soi-même, qu'on ne
craint pas de mourir pour la conserver. Dequoi on a vû souvent des exemples, en ceux qui se sont exposez à
une mort certaine pour la défense de
leur Prince, ou de leur ville, & même aussi quelquefois pour des personnes particuliéres ausquelles ils s'étoient
devouez.

Au reste encore que la Haine soit XXXIV.
directement opposée à l'Amour, on *Qu'il n'y a*
ne la distingue pas toutefois en autant *pas tant*
d'espéces : à cause qu'on ne remarque *d'espéces de*
pas tant la différence qui est entre les *Haine que*
maux desquels on est séparé de volon- *d'Amour.*
té, qu'on fait celle qui est entre les
biens ausquels on est joint.

D 2   Et

Et je ne trouve qu'une seule distinction considérable, qui soit pareille en
l'une & en l'autre. Elle consiste en ce
que les objets tant de l'Amour que de
la Haine, peuvent être représentez à
l'ame par les sens extérieurs, ou bien
par les intérieurs & par sa propre raison. Car nous appellons communément bien, ou mal, ce que nos sens
intérieurs ou nôtre raison nous font
juger convenable ou contraire à nôtre
nature : mais nous appellons beau ou
laid, ce qui nous est ainsi représenté
par nos sens extérieurs, principalement
par celui de la vûë, lequel seul est plus
considéré que tous les autres. D'où
naissent deux espéces d'Amour, à savoir, celle qu'on a pour les choses
bonnes, & celle qu'on a pour les belles, à laquelle on peut donner le nom
d'*Agréement*, afin de ne la pas confondre avec l'autre, ni aussi avec le
Desir, auquel on attribuë souvent le
nom d'Amour. Et de là naissent en
même façon deux espéces de Haine,
l'une desquelles se rapporte aux choses
mauvaises, l'autre à celles qui sont
laides ; & cette derniere peut être ap-
pellée *Horreur*, ou *Aversion*, afin de
la distinguer. Mais ce qu'il y a ici de
plus remarquable, c'est que ces passions d'Agréement & d'Horreur, ont

cou-

coutume d'être plus violentes que les autres espéces d'Amour ou de Haine, à cause que ce qui vient à l'ame par les sens, la touche plus fort que ce qui lui est représenté par sa raison; & que toutefois elles ont ordinairement moins de vérité. En sorte que de toutes les passions ce sont celles-ci qui trompent le plus, & dont on doit le plus soigneusement se garder.

DU DESIR.

LA passion du Desir est *une agitation de l'Ame causée par les esprits, qui la dispose à vouloir pour l'avenir les choses qu'elle se représente être convenables.* Ainsi on ne desire pas seulement la présence du bien absent, mais aussi la conservation du présent : Et de plus l'absence du mal, tant de celui qu'on a déja, que de celui qu'on croit pouvoir recevoir au tems à venir.

XXXVI.
La Définition du Desir.

Je sai bien que communément dans l'Ecole on oppose la passion qui tend à la recherche du bien, laquelle seule on nomme Desir, à celle qui tend à la fuite du mal, laquelle on nomme Aversion. Mais d'autant qu'il n'y a aucun bien dont la privation ne soit

XXXVII.
Que c'est une passion qui n'a point de contraire.

un

II. Par. un mal, ni aucun mal confidéré comme une chofe pofitive, dont la privation ne foit un bien; & qu'en recherchant, par exemple, les richeffes, on fuit néceffairement la pauvreté, en fuiant les maladies on recherche la fanté; & ainfi des autres: Il me femble que c'eft toûjours un même mouvement qui porte à la recherche du bien, & enfemble à la fuite du mal qui lui eft contraire. J'y remarque feulement cette différence, que le Defir qu'on a lors qu'on tend vers quelque bien, eft accompagné d'Amour, & enfuite d'Efpérance & de Joie; au lieu que le même Defir, lors qu'on tend à s'éloigner du mal contraire à ce bien, eft accompagné de Haine, de Crainte & de Triftesse; ce qui eft caufe qu'on le juge contraire à foi-même. Mais fi on veut le confidérer lors qu'il fe rapporte également en même tems à quelque bien pour le rechercher, & au mal oppofé pour l'éviter, on peut voir très-évidemment que ce n'eft qu'une feule paffion qui fait l'un & l'autre.

XXXVIII. *Quelles font fes diverfes efpéces.* Il y auroit plus de raifon de diftinguer le Defir en autant de diverfes efpéces, qu'il y a de divers objets qu'on recherche. Car par exemple, la *Curiofité* qui n'eft autre chofe qu'un Defir de connoître, diffère beaucoup
du

du *Desir de gloire*, & cettui-ci du *De-* **II. PAR.**
sir de vangéance ; & ainsi des autres.
Mais il suffit ici de savoir qu'il y en a
autant que d'espéces d'Amour ou de
Haine, & que les plus considérables
& les plus forts sont ceux qui naissent
de l'Agréement & de l'Horreur.

✦ Or encore que ce ne soit qu'un mê- **XXXIX.**
me Desir qui tend à la recherche d'un *Quel est le*
bien, & à la fuite du mal qui lui est *Desir qui*
contraire, ainsi qu'il a été dit : Le *naît de*
Desir qui naît de l'Agréement ne laisse *l'Horreur.*
pas d'être fort différent de celui qui
naît de l'Horreur. Car cet Agréement
& cette Horreur, qui véritablement
sont contraires, ne sont pas le bien &
le mal, qui servent d'objets à ces Desirs : mais seulement deux émotions
de l'ame, qui la disposent à rechercher
deux choses fort différentes. A savoir,
l'Horreur est instituée de la Nature
pour représenter à l'ame une mort su-
bite & inopinée : en sorte que bien que
ce ne soit quelquefois que l'attouchement d'un vermisseau, ou le bruit
d'une feuille tremblante, ou son ombre, qui fait avoir de l'Horreur ; on
sent d'abord autant d'émotion, que si
un peril de mort très-evident s'offroit
aux sens. Ce qui fait subitement naître l'agitation, qui porte l'ame à emploier toutes ses forces pour éviter un

D 4   mal

II. PAR. mal si préfent. Et c'eſt cette eſpéce de Deſir, qu'on appelle communément la Fuite ou l'Averſion.

XL.
Quel eſt ce-
lui qui naît
de l'A-
gréement.
Au contraire l'Agréement eſt particuliérement inſtitué de la Nature pour repréſenter la jouiſſance de ce qui agrée, comme le plus grand de tous les biens qui appartiennent à l'homme ; ce qui fait qu'on deſire très-ardemment cette jouiſſance. Il eſt vrai qu'il y a diverſes ſortes d'Agréemens, & que les Deſirs qui en naiſſent ne ſont pas tous également puiſſans. Car par exemple, la beauté des fleurs nous incite ſeulement à les regarder, & celle des fruits à les manger. Mais le principal eſt celui qui vient des perfections qu'on imagine en une perſonne, qu'on penſe pouvoir devenir un autre ſoi-même : car avec la différence du ſexe, que la Nature a miſe dans les hommes, ainſi que dans les animaux ſans raiſon, elle a mis auſſi certaines impreſſions dans le cerveau, qui font qu'en certain âge & en certain tems on ſe conſidére comme defectueux, & comme ſi on n'étoit que la moitié d'un tout, dont une perſonne de l'autre ſexe doit être l'autre moitié : en ſorte que l'acquiſition de cette moitié eſt confuſément repréſentée par la Nature, comme le plus grand de tous

les

les biens imaginables. Et encore qu'on
voie plufieurs perfonnes de cet autre
fexe, on n'en fouhaite pas pour celà
plufieurs en même tems , d'autant que
la Nature ne fait point imaginer qu'on
ait befoin de plus d'une moitié. Mais
lors qu'on remarque quelque chofe en
une, qui agrée d'avantage que ce qu'on
remarque au même tems dans les autres , celà détermine l'ame à fentir
pour celle-là feule, toute l'inclination
que la Nature lui donne à rechercher
le bien , qu'elle lui repréfente comme
le plus grand qu'on puiffe poff* poffeder. Et
cette inclination ou ce Defir qui naît
ainfi de l'Agréement , eft appellé du
nom d'Amour , plus ordinairement
que la Paffion d'Amour, qui a ci-deffus été décrite. Auffi a-t-il de plus étranges effets , & c'eft lui qui fert de principale matiére aux faifeurs de Romans
& aux Poëtes.

II. PAR.

DE LA JOIE, ET DE LA TRISTESSE.

L*A Joie eft une agréable émotion de
l'ame, en laquelle confifte la jouif-
fance qu'elle a du bien, que les impreffions du cerveau lui repréfentent comme
fien. Je dis que c'eft en cette émotion

que

II. PAR. que consiste la jouissance du bien : car en effet l'ame ne reçoit aucun autre fruit de tous les biens qu'elle posséde ; & pendant qu'elle n'en a aucune Joie, on peut dire qu'elle n'en jouît pas plus que si elle ne les possédoit point. J'ajoûte aussi, que c'est du bien, que les impressions du cerveau lui représentent comme sien ; afin de ne pas confondre cette joie qui est une passion, avec la joie purement intellectuelle, qui vient en l'ame par la seule action de l'ame, & qu'on peut dire être *une agréable émotion excitée en elle par elle-même* *, *en laquelle consiste la jouissance qu'elle a du bien que son entendement lui représente comme sien.* Il est vrai que pendant que l'ame est jointe au corps, cette joie intellectuelle ne peut guére manquer d'être accompagnée de celle qui est une passion. Car si-tôt que nôtre entendement s'apperçoit que nous possédons quelque bien, encore que ce bien puisse être si différent de tout ce qui appartient au corps qu'il ne soit point du tout imaginable, l'imagination ne laisse pas de faire incontinent quelque impression dans le cerveau, de laquelle suit le mouvement des esprits, qui excite la passion de la Joie.

* C'est-à-dire, qui suit naturellement, en elle de la connoissance claire qu'elle a du bon état où elle est, lorsqu'elle s'attache à son vrai bien.

La

La Tristesse est *une langueur desa-* *gréable, en laquelle consiste l'incommo-* *dité que l'ame reçoit du mal, ou du* *défaut, que les impressions du cer-* *veau lui représentent comme lui appar-* *tenant.* Et il y a aussi une Tristesse intellectuelle, qui n'est pas la passion, mais qui ne manque guéres d'en être acompagnée.

II. PAR.
XLII.
La défini-
tion de la
Tristesse.

Or lors que la Joie ou la Tristesse intellectuelle excite ainsi celle qui est une passion, leur cause est assez évidente ; Et on voit de leurs définitions, que la Joie vient de l'opinion qu'on a de posséder quelque bien , & la Tristesse de l'opinion qu'on a d'avoir quelque mal ou quelque défaut. Mais il arrive souvent qu'on se sent triste ou joieux , sans qu'on puisse ainsi distinctement remarquer le bien ou le mal qui en font les causes ; à savoir lors que ce bien ou ce mal font leurs impressions dans le cerveau sans l'entremise de l'ame, quelquefois à cause qu'ils n'appartiennent qu'au corps , & quelquefois aussi encore qu'ils appartiennent à l'ame , à cause qu'elle ne les considére pas comme bien & mal : mais sous quelque autre forme , dont l'impression est jointe avec celle du bien & du mal dans le cerveau.

XLIII.
Quelles
sont les
causes de
ces deux
Passions.

Ainsi

Comment ces passions font exci-tées par des biens & des maux qui ne re-gardent que le corps : & en quoi consiste le chatouille-ment & la douleur.

Ainsi lors qu'on est en pleine santé, & que le tems est plus serain que de coutume, on sent en soi une gaieté qui ne vient d'aucune fonction de l'entendement : mais seulement des impressions que le mouvement des esprits fait dans le cerveau ; Et on se sent triste en même façon lors que le corps est indisposé, encore qu'on ne sache point qu'il le soit. Ainsi le chatouillement des sens est suivi de si près par la Joie, & la Douleur par la Tristesse, que la plûpart des hommes ne les distinguent point. Toutefois ils diffèrent si fort, qu'on peut quelquefois souffrir des douleurs avec Joie, & recevoir des chatouillemens qui déplaisent. Mais la cause qui fait que pour l'ordinaire la Joie suit du chatouillement, est que tout ce qu'on nomme chatouillement ou sentiment agréable, consiste en ce que les objets des sens excitent quelque mouvement dans les nerfs, qui seroit capable de leur nuire s'ils n'avoient pas assez de force pour lui résister, ou que le corps ne fût pas bien disposé. Ce qui fait une impression dans le cerveau, laquelle étant instituée de la Nature pour témoigner cette bonne disposition & cette force, la représente à l'ame comme un bien qui lui appartient, entant qu'elle est unie

avec

avec le corps, & ainſi excite en elle II. PAR.
la Joie. C'eſt preſque la même raiſon
qui fait qu'on prend naturellement plaiſir à ſe ſentir émouvoir à toutes ſortes
de paſſions, même à la Triſteſſe &
à la Haine, lors que ces paſſions ne ſont
cauſées que par les avantures étranges
qu'on voit repréſenter ſur un théatre,
ou par d'autres pareils ſujets, qui ne
pouvant nous nuire en aucune façon,
ſemblent chatouiller notre ame en la
touchant. Et la cauſe qui fait que la
douleur produit ordinairement la Triſteſſe, eſt que le ſentiment qu'on nomme *douleur*, vient toûjours de quelque
action ſi violente qu'elle offenſe les
nerfs ; en ſorte qu'étant inſtitué de la
nature pour ſignifier à l'ame le dom-
mage que reçoit le corps par cette
action, & ſa foibleſſe en ce qu'il ne
lui a pû réſiſter, il lui repréſente l'un
& l'autre comme des maux qui lui ſont
toûjours deſagréables, excepté lors
qu'ils cauſent quelques biens qu'elle
eſtime plus qu'eux.

Ainſi le plaiſir que prennent ſou- XLV.
vent les jeunes gens à entreprendre des *Comment*
choſes difficiles, & à s'expoſer à de *elles peu-*
grands perils, encore même qu'ils *vent auſſi*
n'en *être exci-*
tées par des

biens & des maux que l'ame ne remarque point, encore qu'ils
lui appartiennent ; Comme ſont le plaiſir qu'on prend à ſe
hazarder, ou à ſe ſouvenir du mal paſſé.

II. Par. n'en espérent aucun profit, ni aucune gloire, vient en eux, de ce que la pensée qu'ils ont que ce qu'ils entreprennent est difficile, fait une impression dans leur cerveau, qui étant jointe avec celle qu'ils pourroient former, s'ils pensoient que c'est un bien de se sentir assez courageux, assez heureux, assez adroit, ou assez fort, pour oser se hazarder à tel point, est cause qu'ils y prennent plaisir. Et le contentement qu'ont les vieillards, lors qu'ils se souviennent des maux qu'ils ont soufferts, vient de ce qu'ils se représentent que c'est un bien, d'avoir pû nonobstant celà subsister.

XLVI.
Quels sont les mouvemens du sang & des esprits, qui causent les cinq passions précédentes.

Les cinq passions que j'ai ici commencé à expliquer, sont tellement jointes ou opposées les unes aux autres, qu'il est plus aisé de les considérer toutes ensemble, que de traiter séparément de chacune, ainsi qu'il a été traité de l'Admiration. Et leur cause n'est pas comme la sienne dans le cerveau seul : mais aussi dans le cœur, dans la rate, dans le foie, & dans toutes les autres parties du corps, entant qu'elles servent à la production du sang, & ensuite des esprits. Car encore que toutes les veines conduisent le sang qu'elles contiennent vers le cœur, il arrive néanmoins quelquefois que celui

lui de quelques-unes y est poussé avec
plus de force que celui des autres ; il
arrive aussi que les ouvertures par où il
entre dans le cœur, ou bien celles par
où il en sort, sont plus élargies ou plus
resserrées une fois que l'autre.

Or en considérant les diverses alté-
rations que l'expérience fait voir dans
notre corps, pendant que nôtre ame
est agitée de diverses passions, je remarque en l'Amour quand elle est seule, c'est-à-dire, quand elle n'est acompagnée d'aucune forte Joie, ou Desir,
ou Tristesse, que le battement du pouls
est égal, & beaucoup plus grand &
plus fort que de coutume, qu'on sent
une douce chaleur dans la poitrine, &
que la digestion des viandes se fait
fort promptement dans l'estomac ; en
sorte que cette Passion est utile pour la
santé.

Je remarque au contraire en la Haine, que le pouls est inégal, & plus
petit, & souvent plus vîte ; qu'on
sent des froideurs entremêlées de je
ne sai quelle chaleur âpre & picquan-
te dans la poitrine, que l'estomac
cesse de faire son office, & est enclin à vomir, & rejetter les viandes
qu'on a mangées, ou du moins à les
corrompre & convertir en mauvaises
humeurs.

En

II. Par.

XLVII.
*Les princi-
pales expé-
riences qui
servent à
connoître
ces mouve-
mens en
l'Amour.*

XLVIII.
*En la Hai-
ne.*

II. Par.
XLIX.
En la Joie.

En la Joie, que le pouls est égal & plus vîte qu'à l'ordinaire : mais qu'il n'est pas si fort ou si grand qu'en l'Amour, & qu'on sent une chaleur agréable, qui n'est pas seulement en la poitrine, mais qui se répand aussi en toutes les parties extérieures du corps, avec le sang qu'on voit y venir en abondance ; & que cependant on perd quelquefois l'appétit, à cause que la digestion se fait moins que de coutume.

L.
En la Tri-stesse.

En la Tristesse, que le pouls est foible & lent, & qu'on sent comme des liens autour du cœur, qui le serrent, & des glaçons qui le gêlent, & communiquent leur froideur au reste du corps ; & que cependant on ne laisse pas d'avoir quelquefois bon appétit, & de sentir que l'estomac ne manque point à faire son devoir, pourvû qu'il n'y ait point de Haine mêlée avec la Tristesse.

L I.
Au Desir.

Enfin je remarque cela de particulier dans le Desir, qu'il agite le cœur plus violemment qu'aucune des autres Passions, & fournit au cerveau plus d'esprits, lesquels passans de là dans les muscles, rendent tous les sens plus aigus, & toutes les parties du corps plus mobiles.

Ces

Ces observations, & plusieurs autres qui seroient trop longues à écrire, m'ont donné sujet de juger que, lors que l'entendement se représente quelque objet d'Amour, l'impression que cette pensée fait dans le cerveau, conduit les esprits animaux par les nerfs de la sixiéme paire, vers les muscles qui sont autour des intestins & de l'estomac, en la façon qui est requise pour faire que le suc des viandes, qui se convertit en nouveau sang, passe promptement vers le cœur, sans s'arrêter dans le foie, & qu'y étant poussé avec plus de force, que celui qui est dans les autres parties du corps, il y entre en plus grande abondance, & y excite une chaleur plus forte, à cause qu'il est plus grossier que celui qui a déja été raréfié plusieurs fois, en passant & repassant par le cœur. Ce qui fait qu'il envoie aussi des esprits vers le cerveau, dont les parties sont plus grosses & plus agitées qu'à l'ordinaire : & ces esprits fortifians l'impression que la première pensée de l'objet aimable y a faite, obligent l'ame à s'arrêter sur cette pensée ; & c'est en celà que consiste la passion d'Amour.

II. PAR.
LII.
Le mouvement du sang & des esprits en l'Amour.

Au contraire en la Haine, la première pensée de l'objet qui donne de l'aversion, conduit tellement les es-

LIII.
En la Haine.

II. Par. prits qui font dans le cerveau, vers les muscles de l'estomac & des intestins, qu'ils empêchent que le suc des viandes ne se mêle avec le sang, en resserrant toutes les ouvertures par où il a coutume d'y couler ; & elle les conduit aussi tellement vers les petits nerfs de la rate, & de la partie inférieure du foie, où est le receptacle de la bile, que les parties du sang qui ont coutume d'être rejettées vers ces endroits-là, en sortent, & coulent, avec celui qui est dans les rameaux de la veine cave, vers le cœur ; ce qui cause beaucoup d'inégalitez en la chaleur, dautant que le sang qui vient de la rate ne s'échauffe & se raréfie qu'à peine ; & qu'au contraire celui qui vient de la partie inférieure du foie, où est toûjours le fiel, s'embrase & se dilate fort promptement. Ensuite dequoi les esprits qui vont au cerveau, ont aussi des parties fort inégales, & des mouvemens fort extraordinaires ; D'où vient qu'ils y fortifient les idées de Haine qui s'y trouvent déja imprimées, & disposent l'ame à des pensées qui sont pleines d'aigreur & d'amertume.

LIV.
En la Joie. En la Joie ce ne font pas tant les nerfs de la rate, du foie, de l'estomac, ou des intestins, qui agissent, que ceux qui font en tout le reste du corps ;

corps ; & particuliérement celui qui II. PAR.
est autour des orifices du cœur, lequel
ouvrant & élargissant ces orifices,
donne moien au sang , que les autres
nerfs chassent des veines vers le cœur,
d'y entrer & d'en sortir en plus grande quantité que de coutume. Et pource que le sang qui entre alors dans le
cœur , y a déja passé & repassé plusieurs fois, étant venu des artéres dans
les veines , il se dilate fort aisément,
& produit des esprits , dont les parties
étant fort égales & subtiles, elles sont
propres à former & fortifier les impressions du cerveau, qui donnent à l'ame
des pensées gaies & tranquilles.

Au contraire en la Tristesse , les ou- LV.
vertures du cœur sont fort rétrécies *En la Tri-*
par le petit nerf qui les environne, & *stesse.*
le sang des veines n'est aucunement
agité : ce qui fait qu'il en va fort peu
vers le cœur : & cependant les passages par où le suc des viandes coule de
l'estomac & des intestins vers le foie,
demeurent ouverts ; ce qui fait que
l'appétit ne diminuë point , excepté
lors que la Haine , laquelle est souvent
jointe à la Tristesse , les ferme.

Enfin la passion du Desir a celà de LVI.
propre , que la volonté qu'on a d'ob- *Au Desir.*
tenir quelque bien , ou de fuir quel-
que mal, envoie promptement les es-
E 2 prits

II. Par. prits du cerveau vers toutes les parties du corps, qui peuvent servir aux actions requises pour cet effet; & particuliérement vers le cœur, & les parties qui lui fournissent le plus de sang, afin qu'en recevant plus grande abondance que de coutume, il envoie plus grande quantité d'esprits vers le cerveau, tant pour y entretenir & fortifier l'idée de cette volonté, que pour passer de là dans tous les organes des sens, & tous les muscles qui peuvent être emploiez pour obtenir ce qu'on desire.

LVII.
Quelle est la cause de ces mouvemens en l'Amour.

Et je déduis les raisons de tout ceci, de ce qui a été dit ci-dessus, qu'il y a telle liaison entre nôtre ame & nôtre corps, que lors que nous avons une fois joint quelque action corporelle avec quelque pensée, l'une des deux ne se présente point à nous par après, que l'autre ne s'y présente aussi: Comme on voit en ceux qui ont pris avec grande aversion quelque breuvage étant malades, qu'ils ne peuvent rien boire ou manger par après, qui en approche du gout, sans avoir derechef la même aversion; Et pareillement qu'ils ne peuvent penser à l'aversion qu'on a des médecines, que le même goût ne leur revienne en la pensée. Car il me semble que les premiéres passions que nôtre ame a euës,

lors

lors qu'elle a commencé d'être join- **II. PAR.**
te à nôtre corps , ont dû être ; que
quelquefois le sang ou autre suc qui
entroit dans le cœur , étoit un aliment
plus convenable que l'ordinaire , pour
y entretenir la chaleur , qui est le principe de la vie ; ce qui étoit cause que
l'ame joignoit à soi de volonté cet aliment , c'est-à-dire , l'aimoit ; & en
même tems les esprits couloient du
cerveau vers les muscles, qui pouvoient
presser ou agiter les parties d'où il étoit
venu vers le cœur, pour faire qu'elles
lui en envoiassent davantage ; & ces
parties étoient l'estomac & les intestins , dont l'agitation augmente l'appétit , ou bien aussi le foie & le poumon, que les muscles du diaphragme
peuvent presser. C'est pourquoi ce
même mouvement des esprits , a toûjours acompagné depuis la passion d'A-
mour.

Quelquefois au contraire il venoit **LVIII.**
quelque suc étranger vers le cœur, qui *En la Hai-*
n'étoit pas propre à en entretenir la *ne.*
chaleur, ou même qui la pouvoit éteindre : ce qui étoit cause que les esprits,
qui montoient du cœur au cerveau ,
excitoient en l'ame la passion de la
Haine. Et en même tems aussi ces
esprits alloient du cerveau vers les nerfs,
qui pouvoient pousser du sang de la

E 3 ra-

II. Par. rate, & des petites veines du foie, vers le cœur, pour empêcher ce suc nuisible d'y entrer ; & de plus vers ceux qui pouvoient repousser ce même suc vers les intestins, & vers l'estomac, ou aussi quelquefois obliger l'estomac à le vomir. D'où vient que ces mêmes mouvemens ont coutume d'accompagner la passion de la Haine. Et on peut voir à l'œil qu'il y a dans le foie quantité de veines, ou conduits, assez larges, par où *le suc des viandes peut passer de la veine porte en la veine cave*, & de là au cœur, sans s'arrêter aucunement au foie : mais qu'il y en a aussi une infinité d'autres plus petites où il peut s'arrêter, & qui contiennent toûjours du sang de reserve, ainsi que fait aussi la rate ; lequel sang étant plus grossier que celui qui est dans les autres parties du corps, peut mieux servir d'aliment au feu qui est dans le cœur, quand l'estomac & les intestins manquent de lui en fournir.

LIX.
En la Joie. Il est aussi quelquefois arrivé au commencement de nôtre vie, que le sang contenu dans les veines étoit un aliment assez convenable pour entretenir la chaleur du cœur, & qu'elles en contenoient en telle quantité, qu'il n'avoit point besoin de tirer aucune nourriture

re d'ailleurs. Ce qui a excité en l'ame
la Paffion de la Joie , & a fait en même tems que les orifices du cœur fe
font plus ouverts que de coutume ; &
que les efprits coulans abondamment
du cerveau , non feulement dans les
nerfs qui fervent à ouvrir ces orifices ,
mais auffi généralement en tous les autres qui pouffent le fang des veines
vers le cœur , empêchent qu'il n'y en
vienne de nouveau du foie , de la rate,
des inteftins , & de l'eftomac. C'eft
pourquoi ces mêmes mouvemens
acompagnent la Joie.

II. Par.

Quelquefois au contraire il eft arrivé que le corps a eu faute de nourriture , & c'eft ce qui doit avoir fait fentir à l'ame fa premiére Trifteffe , au
moins celle qui n'a point été jointe à
la Haine. Celà même a fait auffi que
les orifices du cœur fe font étrécis , à
caufe qu'ils ne recevoient que peu de
fang ; & qu'une affez notable partie
de ce fang eft venuë de la rate à caufe qu'elle eft comme le dernier refer-
voir qui fert à en fournir au cœur ,
lors qu'il ne lui en vient pas affez
d'ailleurs. C'eft pourquoi les mouvemens des efprits & des nerfs , qui fervent à étrécir ainfi les orifices du cœur,
& à y conduire du fang de la rate,
acompagnent toûjours la Trifteffe.

L X.
En la Tri-
fteffe.

E 4   En-

Enfin tous les premiers Defirs que l'ame peut avoir eus, lors qu'elle étoit nouvellement jointe au corps, ont été, de recevoir les chofes qui lui étoient convenables, & de repouffer celles qui lui étoient nuifibles. Et ç'a été pour ces mêmes effets, que les efprits ont commencé dès lors à mouvoir tous les mufcles & tous les organes des fens, en toutes les façons qu'ils les peuvent mouvoir. Ce qui eft caufe que maintenant lors que l'ame defire quelque chofe, tout le corps devient plus agile & plus difpofé à fe mouvoir, qu'il n'a coutume d'être fans cela. Et lors qu'il arrive d'ailleurs que le corps eft ainfi difpofé, cela rend les defirs de l'ame plus forts & plus ardens.

Ce que j'ai mis ici, fait affez entendre la caufe des différences du pouls, & de toutes les autres propriétez que j'ai ci-deffus attribuées à ces paffions, fans qu'il foit befoin que je m'arrête à les expliquer davantage. Mais pour ce que j'ai feulement remarqué en chacune, ce qui s'y peut obferver lors qu'elle eft feule, & qui fert à connoître les mouvemens du fang & des efprits qui les produifent, il me refte encore à traiter de plufieurs fignes extérieurs, qui ont coutume de les acom-

acompagner , & qui se remarquent
bien mieux lors qu'elles sont mê ées
plusieurs ensemble , ainsi qu'elles ont
coutume d'être , que lors qu'elles sont
séparées. Les principaux de ces signes
sont les actions des yeux & du visage,
les changemens de couleur, les tremblemens, la langueur, la pâmoison,
les ris , les larmes , les gémissemens,
& les soûpirs.

Il n'y a aucune passion que quelque
particuliére action des yeux ne décla-
re : & celà est si manifeste en quelques-unes , que même les valets les
plus stupides peuvent remarquer à l'œil
de leur Maître , s'il est fâché contre
eux, ou s'il ne l'est pas. Mais encore
qu'on apperçoive aisément ces actions
des yeux , & qu'on sache ce qu'elles
signifient; il n'est pas aisé pour celà de
les décrire , à cause que chacune est
composée de plusieurs changemens ,
qui arrivent au mouvement & en la
figure de l'œil , lesquels sont si particuliers & si petits , que chacun d'eux
ne peut être apperçu séparément, bien
que ce qui résulte de leur conjonction
soit fort aisé à remarquer. On peut dire
quasi le même des actions du visage,
qui acompagnent aussi les passions :
car bien qu'elles soient plus grandes
que celles des yeux , il est toutefois
mal-

II. PAR.

LXIII.
*Des a-
Etions des
yeux & du
visage.*

II. PAR. mal-aifé de les diftinguer ; Et elles font fi peu différentes., qu'il y a des hommes qui font prefque la même mine lors qu'ils pleurent, que les autres lors qu'ils rient. Il eft vrai qu'il y en a quelques-unes qui font affez remarquables, comme font les rides du front en la colére, & certains mouvemens du nez & des levres en l'indignation, & en la moquerie ; mais elles ne femblent pas tant être naturelles que volontaires. Et généralement toutes les actions, tant du vifage que des yeux, peuvent être changées par l'ame, lors que voulant cacher fa paffion, elle en imagine fortement une contraire : en forte qu'on s'en peut auffi bien fervir à diffimuler fes paffions, qu'à les déclarer.

LXIV.
Des changemens de couleur.

On ne peut pas fi facilement s'empêcher de rougir ou de pâlir, lors que quelque paffion y difpofe : pource que ces changemens ne dépendent pas des nerfs & des mufcles, ainfi que les précédens, & qu'ils viennent plus immédiatement du cœur lequel on peut nommer la fource des paffions, entant qu'il prépare le fang & les efprits à les produire. Or il eft certain que la couleur du vifage ne vient que du fang, lequel coulant continuellement du cœur par les artéres en toutes les

vei-

veines , & de toutes les veines dans le cœur , colore plus ou moins le vi-sage , selon qu'il remplit plus ou moins les petites veines qui sont vers sa superficie.

Ainsi la Joie rend la couleur plus vive & plus vermeille , pource qu'en ouvrant les écluses du cœur, elle fait que le sang coule plus vîte en toutes les veines ; & que devenant plus chaud & plus subtil , il enfle médiocrement toutes les parties du visage ; ce qui en rend l'air plus riant & plus gai.

La Tristesse au contraire , en étré-cissant les orifices du cœur , fait que le sang coule plus lentement dans les veines , & que devenant plus froid & plus épais, il a besoin d'y occuper moins de place ; en sorte que se retirant dans les plus larges , qui sont les plus proches du cœur, il quitte les plus éloignées ; dont les plus apparentes étant celles du visage, celà le fait paroître pâle & dé-charné : principalement lors que la Tri-stesse est grande , ou qu'elle survient promptement, comme on voit en l'E-pouvante, dont la surprise augmente l'action qui serre le cœur.

Mais il arrive souvent qu'on ne pâ-lit point étant triste, & qu'au contrai-re on devient rouge. Ce qui doit être attribué aux autres passions qui se joi-gnent

LXV.
Comment la Joie fait rougir.

LXVI.
Comment la Tristesse fait pâlir.

LXVII.
Comment on rougit souvent é-tant triste.

II. Par. gnent à la Tristesse , à savoir, à l'A-
mour, ou au Desir , & quelquefois
aussi à la Haine. Car ces passions échauf-
fant ou agitant le sang qui vient du
foie , des intestins , & des autres parties intérieures , le poussent vers le
cœur , & de là par la grande artére
vers les veines du visage , sans que la
Tristesse qui serre de part & d'autre
les orifices du cœur le puisse empêcher, excepté lors qu'elle est fort excessive. Mais encore qu'elle ne soit que
médiocre , elle empêche aisément que
le sang ainsi venu dans les veines du
visage ne décende vers le cœur , pendant que l'Amour , le Desir , ou la
Haine y en poussent d'autres des parties intérieures. C'est pourquoi ce sang
étant arrêté autour de la face , il la
rend rouge ; Et même plus rouge que
pendant la Joie , à cause que la couleur du sang paroît d'autant mieux
qu'il coule moins vîte , & aussi à cause qu'il s'en peut ainsi assembler davantage dans les veines de la face , que
lors que les orifices du cœur sont plus
ouverts. Ceci paroît principalement
en la Honte , laquelle est composée
de l'Amour de soi-même , & d'un
Desir pressant d'éviter l'infamie présente ; ce qui fait venir le sang des
parties intérieures vers le cœur , puis
de

de là par les artéres vers la face ; Et avec celà d'une médiocre Tristesse, qui empêche ce sang de retourner vers le cœur. Le même paroît aussi ordinairement lors qu'on pleure ; car comme je dirai ci-après, c'est l'Amour jointe à la Tristesse qui cause la pûpart des larmes. Et le même paroît en la colére, où souvent un prompt Desir de vangeance est mêlé avec l'Amour, la Haine, & la Tristesse.

Les Tremblemens ont deux diverses causes : l'une est, qu'il vient quelquefois trop peu d'esprits du cerveau dans les nerfs, & l'autre qu'il y en vient quelquefois trop, pour pouvoir fermer bien justement les petits passages des muscles, qui suivant ce qui a été dit en *l'article XI.* doivent être fermez pour déterminer les mouvemens des membres. La premiére cause paroît en la tristesse & en la peur; comme aussi lors qu'on tremble de froid. Car ces Passions peuvent aussi bien que la froideur de l'air tellement épaissir le sang, qu'il ne fournit pas assez d'esprits au cerveau, pour en envoier dans les nerfs. L'autre cause paroît souvent en ceux qui desirent ardemment quelque chose, & en ceux qui sont fort émeûs de colére ; comme aussi en ceux qui sont ivres. Car

II. Par.

LXVIII.
Des Tremblemens.

II. PAR. ces deux paſſions , auſſi bien que le vin , font aller quelquefois tant d'eſprits dans le cerveau , qu'ils ne peuvent pas être réglément conduits de là dans les muſcles.

LXIX.
De la Langueur.

La Langueur eſt une diſpoſition à ſe relâcher & être ſans mouvement, qui eſt ſentie en tous les membres. Elle vient, ainſi que le tremblement, de ce qu'il ne va pas aſſez d'eſprits dans les nerfs ; mais d'une façon différente : car la cauſe du tremblement eſt, qu'il n'y en a pas aſſez dans le cerveau, pour obéïr aux déterminations de la glande , lors qu'elle les pouſſe vers quelque muſcle ; au lieu que la langueur vient de ce que la glande ne les détermine point à aller vers aucuns muſcles , plûtôt que vers d'autres.

LXX.
Comment elle eſt cauſée par l'Amour & par le Deſir.

Et la Paſſion qui cauſe le plus ordinairement cet effet eſt l'Amour , jointe au Deſir d'une choſe dont l'aquiſition n'eſt pas imaginée comme poſſible pour le tems préſent. Car l'Amour ocupe tellement l'ame à conſidérer l'objet aimé , qu'elle emploie tous les eſprits qui ſont dans le cerveau à lui en repréſenter l'image , & arrête tous les mouvemens de la glande qui ne ſervent point à cet effet. Et il faut remarquer touchant le Deſir , que la propriété
que

que je lui ai attribuée de rendre tout
le corps plus mobile , ne lui convient
que lors qu'on imagine l'objet de-
firé être tel , qu'on peut dès ce tems-
là faire quelque chofe qui ferve à
l'aquerir. Car fi au contraire on imagine qu'il eft impoffible pour lors de
rien faire qui y foit utile , toute l'a-
gitation du Defir demeure dans le
cerveau , fans paffer aucunement dans
les nerfs ; & étant entiérement em-
ploiée à y fortifier l'idée de l'objet de-
firé , elle laiffe le refte du corps lan-
guiffant.

II. PAR.

Il eft vrai que la Haine , la Trifteffe , & même la Joie , peuvent caufer auffi quelque langueur, lors qu'elles
font fort violentes ; à caufe qu'elles
ocupent entiérement l'ame à confidérer leur objet ; principalement lors que
le Defir d'une chofe , à l'aquifition de
laquelle on ne peut rien contribuer au
tems préfent , eft joint avec elles.
Mais pource qu'on s'arrête bien plus
à confidérer les objets qu'on joint à
foi de volonté , que ceux qu'on en
fépare , & qu'aucuns autres ; & que
la langueur ne dépend point d'une furprife, mais a befoin de quelque tems
pour être formée , elle fe rencontre
bien plus en l'Amour qu'en toutes les
autres paffions.

LXXI.
*Qu'elle
peut auffi
être caufée
par d'au-
tres Paf-
fions.*

La

II. PAR.
LXXII.
De la Pâ-moison.

La Pâmoison n'est pas fort éloignée de la mort : car on meurt lors que le feu qui est dans le cœur s'éteint tout-à-fait : & on tombe seulement en pâmoison, lors qu'il est étouffé en telle sorte qu'il demeure encore quelques restes de chaleur, qui peuvent par après le rallumer. Or il y a plusieurs indispositions du corps, qui peuvent faire qu'on tombe ainsi en défaillance ; mais entre les passions il n'y a que l'extrême Joie, qu'on remarque en avoir le pouvoir. Et la façon dont je croi qu'elle cause cet effet, est qu'ouvrant extraordinairement les orifices du cœur, le sang des veines y entre si à coup, & en si grande quantité, qu'il n'y peut être raréfié par la chaleur assez promptement, pour lever les petites peaux qui ferment les entrées de ces veines ; au moien dequoi il étouffe le feu ; lequel il a coutume d'entretenir, lors qu'il n'entre dans le cœur que par mesure.

LXXIII.
Pourquoi on ne pâme point de Tristesse.

Il semble qu'une grande Tristesse qui survient inopinément, doit tellement serrer les orifices du cœur, qu'elle en peut aussi éteindre le feu ; mais néanmoins on n'observe point que cela arrive ; ou s'il arrive, c'est très-rarement : dont je croi que la raison est, qu'il ne peut guére y avoir si peu de

sang

fang dans le cœur, qu'il ne fuffife pour
en entretenir la chaleur, lors que ſes
orifices ſont preſque fermez.

Le Ris conſiſte en ce que le ſang
qui vient de la cavité droite du cœur
par la veine artérieuſe, enflant les poumons ſubitement & à diverſes repriſes,
fait que l'air qu'ils contiennent, eſt
contraint d'en ſortir avec impétuoſité
par le ſifflet, où il forme une voix inarticulée & éclatante ; & tant les poumons en s'enflant, que cet air en ſor-
tant, pouſſent tous les muſcles du diaphragme , de la poitrine, & de la gor-
ge ; au moien dequoi ils font mouvoir ceux du viſage qui ont quelque
connexion avec eux. Et ce n'eſt que
cette action du viſage, avec cette voix
inarticulée & éclatante, qu'on nomme le *Ris*.

Or encore qu'il ſemble que le Ris
ſoit un des principaux ſignes de la Joie,
elle ne peut toutefois le cauſer que lors
qu'elle eſt ſeulement médiocre , & qu'il
y a quelque admiration ou quelque
haine mêlée avec elle. Car on trouve
par expérience, que lors qu'on eſt
extraordinairement joieux, jamais le
ſujet de cette joie ne fait qu'on éclate
de rire ; & même on ne peut pas ſi aiſément y être invité par quelque autre
cauſe, que lors qu'on eſt triſte : Dont

II. PAR.

LXXIV.
Du Ris.

LXXV.
Pourquoi il n'accompagne point les plus grandes joies.

la

II. PAR. la raison est, que dans les grandes joies le poumon est toûjours si plein de sang, qu'il ne peut être davantage enflé par reprises.

LXXVI.
Quelles sont ses principales causes.

Et je ne puis remarquer que deux causes, qui fassent ainsi enfler subitement le poumon. La première est la surprise de l'Admiration, laquelle étant jointe à la joie, peut ouvrir si promptement les orifices du cœur, qu'une grande abondance de sang, entrant tout à coup en son côté droit par la veine cave, s'y raréfie, & passant de là par la veine artérieuse, enfle le poumon. L'autre est le mélange de quelque liqueur qui augmente la raréfaction du sang. Et je n'en trouve point de propre à celà, que la plus coulante partie de celui qui vient de la rate, laquelle partie du sang étant poussée vers le cœur, par quelque légère émotion de Haine, aidée par la surprise de l'Admiration, & s'y mêlant avec le sang qui vient des autres endroits du corps, lequel la Joie y fait entrer en abondance, peut faire que ce sang s'y dilate beaucoup plus que d'ordinaire. En même façon qu'on voit quantité d'autres liqueurs, s'enfler tout à coup étant sur le feu, lors qu'on jette un peu de vinaigre dans le vaisseau où elles sont. Car la plus coulante partie du sang qui

vient

vient de la rate , est de nature semblable au vinaigre. L'expérience aussi nous
fait voir , qu'en toutes les rencontres
qui peuvent produire ce Ris éclatant,
qui vient du poumon, il y a toûjours
quelque petit sujet de Haine , ou du
moins d'Admiration. Et ceux dont la
rate n'est pas bien saine , sont sujets à
être non seulement plus tristes , mais
aussi par intervalles plus gais & plus
disposez à rire que les autres ; dautant
que la rate envoie deux sortes de sang
vers le cœur, l'un fort épais & grossier, qui cause la Tristesse, l'autre fort
fluide & subtil , qui cause la Joie. Et
souvent après avoir beaucoup ri , on
se sent naturellement enclin à la Tristesse , pource que la plus fluide partie du sang de la rate étant épui-
sée , l'autre plus grossiére la suit vers
le cœur.

Pour le Ris qui acompagne quelquefois l'Indignation, il est ordinairement artificiel & feint. Mais lors qu'il
est naturel, il semble venir de la Joie
qu'on a, de ce qu'on voit ne pouvoir
être offensé par le mal dont on est indigné, & avec cela de ce qu'on se trouve surpris par la nouveauté ou par la
rencontre inopinée de ce mal ; de façon que la Joie, la Haine & l'Admiration y contribuent. Toutefois je veux

II. PAR.

LXXVII.
*Quelle est
sa cause en
l'Indigna-
tion.*

croi-

II. PAR. croire qu'il peut aussi être produit sans aucune joie, par le seul mouvement de l'Aversion, qui envoie du sang de la rate vers le cœur, où il est ratéfié, & poussé de là dans le poumon; lequel il enfle facilement, lors qu'il le rencontre presque vuide. Et généralement tout ce qui peut enfler subitement le poumon en cette façon, cause l'action extérieure du Ris, excepté lors que la Tristesse la change en celle des gémissemens & des cris qui acompagnent les *I. L. Vives,* larmes. A propos dequoi Vives écrit *3. de Ani-* de soi-même, que lors qu'il avoit été *má. cap. de* long-tems sans manger, les premiers *Risu.* morceaux qu'il mettoit en sa bouche l'obligeoient à rire : ce qui pouvoit venir de ce que son poumon vuide de sang par faute de nourriture, étoit promptement enflé par le premier suc qui passoit de son estomac vers le cœur, & que la seule imagination de manger y pouvoit conduire, avant même que celui des viandes qu'il mangeoit, y fût parvenu.

LXXVIII. Comme le Ris n'est jamais causé *De l'origi-* par les plus grandes Joies; ainsi les lar- *ne des lar-* mes ne viennent point d'une extrême *mes.* Tristesse, mais seulement de celle qui est médiocre, & acompagnée ou suivie de quelque sentiment d'Amour, ou aussi de Joie. Et pour bien entendre

dre

dre leur origine, il faut remarquer que II. Par. bien qu'il forte continuellement quan-tité de vapeurs de toutes les parties de notre corps, il n'y en a toutefois au-cune dont il en forte tant que des yeux, à caufe de la grandeur des nerfs opti-ques, & de la multitude des petites ar-téres par où elles y viennent ; Et que comme la fueur n'eft compofée que des vapeurs, qui fortant des autres par-ties fe convertiffent en eau fur leur fu-perficie, ainfi les Larmes fe font des vapeurs qui fortent des yeux.

Or comme j'ai écrit dans *les Météo-res*, en expliquant en quelle façon les vapeurs de l'air fe convertiffent en pluie, que celà vient de ce qu'elles font moins agitées, ou plus abondan-tes qu'à l'ordinaire ; ainfi je croi que lors que celles qui fortent du corps font beaucoup moins agitées que de coutume, encore qu'elles ne foient pas fi abondantes, elles ne laiffent pas de fe convertir en eau : ce qui caufe les fueurs froides qui viennent quel-quefois de foibleffe, quand on eft ma-lade. Et je croi que lors qu'elles font beaucoup plus abondantes, pourvû qu'elles ne foient point avec celà plus agitées, elles fe convertiffent auffi en eau ; ce qui eft caufe de la fueur qui vient quand on fait quelque exercice.

LXXIX.
De la fa-çon que les vapeurs fe changent en eau.

Mais

II. Par. Mais alors les yeux ne suent point, pource que pendant les exercices du corps, la plûpart des esprits allant dans les muscles qui servent à le mouvoir, il en va moins par le nerf optique vers les yeux : Et ce n'est qu'une même matiére qui compose le sang, pendant qu'elle est dans les veines, ou dans les artéres ; & les esprits, lors qu'elle est dans le cerveau, dans les nerfs, ou dans les muscles ; & les vapeurs lors qu'elle en sort en forme d'air ; & enfin la sueur ou les larmes, lors qu'elle s'épaissit en eau sur la superficie du corps ou des yeux.

LXXX.
Comment ce qui fait de la douleur à l'œil l'excite à pleurer.

Et je ne puis remarquer que deux causes qui fassent que les vapeurs qui sortent des yeux se changent en larmes. La prémiére est quand la figure des pores par où elles passent est changée, par quelque accident que ce puisse être : car celà retardant le mouvement de ces vapeurs, & changeant leur ordre, peut faire qu'elles se convertissent en eau. Ainsi il ne faut qu'un fêtu qui tombe dans l'œil, pour en tirer quelques larmes : à cause qu'en y excitant de la douleur, il change la disposition de ses pores : en sorte que quelques-uns devenant plus étroits, les petites parties des vapeurs y passent moins vîte ; & qu'au lieu qu'elles en sortoient

toient

toient auparavant également distantes
les unes des autres, & ainsi demeu-
roient séparées, elles viennent à se
rencontrer, à cause que l'ordre de ces
pores est troublé, au moien dequoi
elles se joignent, & ainsi se convertissent en larmes.

L'autre cause est la Tristesse, sui- II. PAR.
vie d'Amour, ou de Joie, ou généralement de quelque cause qui fait que
le cœur pousse beaucoup de sang par
les artéres. La Tristesse y est requise,
à cause que refroidissant tout le sang,
elle étrécit les pores des yeux. Mais
pource qu'à mesure qu'elle les étrécit,
elle diminuë aussi la quantité des vapeurs, ausquelles ils doivent donner
passage, celà ne suffit pas pour produire des larmes, si la quantité de ces vapeurs n'est à même tems augmentée
par quelque autre cause. Et il n'y a
rien qui l'augmente davantage, que le
sang qui est envoié vers le cœur en la
passion de l'Amour. Aussi voions-nous
que ceux qui sont tristes, ne jettent pas
continuellement des larmes, mais seulement par intervalles, lors qu'ils font
quelque nouvelle réflexion sur les objets qu'ils affectionnent.

Et alors les poumons sont aussi quelquefois enflez tout à coup par l'abondance du sang qui entre dedans, & qui
en

F 4

LXXXI.
Comment
on pleure
de Tristes-
se.

LXXXII.
Des gé-
missemens
qui accom-
pagnent les
larmes.

II. PAR. en chasse l'air qu'ils contenoient, lequel sortant par le sifflet engendre les gémissemens & les cris, qui ont coûtume d'acompagner les larmes. Et ces cris sont ordinairement plus aigus, que ceux qui acompagnent le ris, bien qu'ils soient produits quasi en même façon : dont la raison est que les nerfs, qui servent à élargir ou étrécir les organes de la voix, pour la rendre plus grosse ou plus aiguë, étant joints avec ceux, qui ouvrent les orifices du cœur pendant la Joie, & les étrécissent pendant la Tristesse ; ils font que ces organes s'élargissent ou s'étrécissent au même tems.

LXXXIII.
Pourquoi les enfans & les vieillards pleurent aisément.

Les enfans & les vieillards sont plus enclins à pleurer, que ceux de moien âge, mais c'est pour diverses raisons. Les vieillards pleurent souvent d'affection & de joie : car ces deux passions jointes ensemble, envoient beaucoup de sang à leur cœur, & de là beaucoup de vapeurs à leurs yeux ; & l'agitation de ces vapeurs est tellement retardée par la froideur de leur naturel, qu'elles se convertissent aisément en larmes, encore qu'aucune Tristesse n'ait précédé. Que si quelques vieillards pleurent aussi fort aisément de fâcherie, ce n'est pas tant le tempérament de leur corps, que celui de leur esprit,

esprit, qui les y difpofe. Et celà n'ar-II. PAR.
rive qu'à ceux qui font fi foibles, qu'ils
fe laiffent entiérement furmonter par
de petits fujets de douleur, de crainte, ou de pitié. Le même arrive aux
enfans, lefquels ne pleurent guéres de
Joie, mais bien plus de Trifteffe, mêmes quand elle n'eft point acompagnée
d'Amour : car ils ont toûjours affez
de fang pour produire beaucoup de vapeurs, le mouvement defquelles étant
retardé par la Trifteffe, elles fe convertiffent en larmes.

Toutefois il y en a quelques-uns qui LXXXIV.
pâliffent, au lieu de pleurer, quand *Pourquoi*
ils font fâchez : ce qui peut témoigner *quelques*
en eux un jugement, & un courage *enfans pâ-*
extraordinaire ; à favoir lors que celà *liffent, au*
vient de ce qu'ils confidérent la gran- *lieu de*
deur du mal, & fe préparent à une for- *pleurer.*
te réfiftance, en même façon que ceux
qui font plus âgez. Mais c'eft plus ordinairement une marque de mauvais
naturel : à favoir lors que celà vient de
ce qu'ils font enclins à la Haine, ou à
la Peur ; car ce font des paffions qui
diminuent la matiére des larmes. Et on
voit au contraire que ceux qui pleurent
fort aifément, font enclins à l'Amour,
& à la Pitié.

La caufe des Soupirs, eft fort diffé-LXXXV.
rente de celle des larmes, encore qu'ils *Des Sou-*
pré-*pirs.*

II. Par. préſuppoſent comme elles la Triſteſſe. Car au lieu qu'on eſt incité à pleurer quand les poumons ſont pleins de ſang; on eſt incité à ſoupirer quand ils en ſont preſque vuides, & que quelque imagination d'eſpérance ou de joie ouvre l'orifice de l'artére véneuſe, que la Triſteſſe avoit étréci; Pource qu'alors le peu de ſang qui reſte dans les poumons, tombant tout à coup dans le côté gauche du cœur par cette artére véneuſe, & y étant pouſſé par le Deſir de parvenir à cette Joie, lequel agite en même tems tous les muſcles du diaphragme & de la poitrine, l'air eſt pouſſé promptement par la bouche dans les poumons, pour y remplir la place que laiſſe ce ſang. Et c'eſt cela qu'on nomme ſoupirer.

LXXXVI.
D'où vien-
nent les ef-
fets des
Paſſions,
qui ſont
particuliers
à certains
hommes.

Au reſte afin de ſuppléer ici en peu de mots, à tout ce qui pourroit y être ajoûté touchant les divers effets, ou les diverſes cauſes des paſſions, je me contenterai de répéter le principe ſur lequel tout ce que j'en ai écrit eſt appuié : à ſavoir qu'il y a telle liaiſon entre nôtre ame & notre corps, que lors que nous avons une fois joint quelque action corporelle avec quelque penſée, l'une des deux ne ſe préſente point à nous par après, que l'autre ne s'y préſente auſſi; & que ce ne

ſont

font pas toûjours les mêmes actions II. PAR.
qu'on joint aux mêmes penfées. Car
celà fuffit pour rendre raifon de tout
ce qu'un chacun peut remarquer de
particulier en foi ou en d'autres, touchant cette matiére , qui n'a point été
ici expliqué. Et, pour exemple, il eft
aifé de penfer, que les étranges aver-
fions de quelques-uns, qui les empêchent de fouffrir l'odeur des rofes, ou
la préfence d'un chat, ou chofes femblables, ne viennent que de ce qu'au
commencement de leur vie ils ont été
fort offenfez par quelques pareils objets, ou bien qu'ils ont compati au
fentiment de leur mére qui en a été
offenfée étant groffe. Car il eft certain *
qu'il y a du rapport entre tous les mouvemens de la mére, & ceux de l'enfant
qui eft en fon ventre , enforte que ce
qui eft contraire à l'un nuit à l'autre.
Et l'odeur des rofes peut avoir caufé
un grand mal de tête à un enfant, lors
qu'il étoit encore au berceau , ou
bien un chat le peut avoir fort épou-
vanté, fans que perfonne y ait pris
garde, ni qu'il en ait eû après aucune mémoire : bien que l'idée de l'A-
verfion qu'il avoit alors pour ces rofes, ou pour ce chat , demeure im-
pri-

de la recherche de la vérité dans le 7. ch. de la 1. Partie de
fon 2. Livre.

*On ne
peut pas
mieux dé-
montrer la
néceffité de
cette com-
munication
du cerveau
de la mére
avec celui
de l'enfant
qu'elle por-
te en fon
fein, que
le fait
l'Auteur

II. PAR. primée en son cerveau jusques à la fin de sa vie.

LXXXVII.
De l'usage des cinq Passions ici expliquées, entant qu'elles se rapportent au corps.

Après avoir donné les définitions de l'Amour, de la Haine, du Desir, de la Joie, de la Tristesse ; & traité de tous les mouvemens corporels qui les causent ou les acompagnent ; nous n'avons plus ici à considérer que leur usage : Touchant quoi il est à remarquer, que selon l'institution de la Nature elles se raportent toutes au corps, & ne sont données à l'ame qu'entant qu'elle est jointe avec lui : en sorte que leur usage naturel est d'inciter l'ame, à consentir & contribuer aux actions qui peuvent servir à conserver le corps, ou à le rendre en quelque façon plus parfait. Et en ce sens la Tristesse & la Joie sont les deux premiéres qui sont emploiées. Car l'ame n'est immédiatement avertie des choses qui nuisent au corps, que par le sentiment qu'elle a de la douleur, lequel produit en elle premiérement la passion de la Tristesse, puis ensuite la Haine de ce qui cause cette douleur, & en troisiéme lieu le Desir de s'en delivrer. Comme aussi l'ame n'est immédiatement avertie des choses utiles au corps, que par quelque sorte de chatouillement, qui excitant en elle de la Joie, fait ensuite naître l'amour

de

de ce qu'on croit en être la cause , &
enfin le desir d'aquérir ce qui peut faire qu'on continuë en cette Joie , ou
bien qu'on jouïsse encore après d'une
semblable. Ce qui fait voir qu'elles
sont toutes cinq très-utiles au regard
du corps ; & même que la Tristesse est
en quelque façon premiére & plus nécessaire que la Joie , & la Haine que
l'Amour : à cause qu'il importe davantage de repousser les choses qui nuisent & peuvent détruire , que d'a-
quérir celles qui ajoûtent quelque
perfection sans laquelle on peut subsister.

Mais encore que cet usage des passions soit le plus naturel qu'elle puissent avoir , & que tous les animaux
sans raison ne conduisent leur vie que
par des mouvemens corporels , semblables à ceux qui ont coutume en nous
de les suivre , & ausquels elles incitent
nôtre ame à consentir: Il n'est pas néanmoins toûjours bon , dautant qu'il y a
plusieurs choses nuisibles au corps, qui
ne causent au commencement aucune Tristesse , ou même qui donnent
de la Joie , & d'autres qui lui sont
utiles , bien que d'abord elles soient
incommodes. Et outre celà elles sont
paroître presque toûjours , tant les
biens que les maux qu'elles représentent,

LXXXVIII
De leurs défauts & des moiens de les cor-riger.

II. PAR. tent, beaucoup plus grands & plus importans qu'ils ne font; en forte qu'elles nous incitent à rechercher les uns & fuir les autres, avec plus d'ardeur & plus de foin qu'il n'eft convenable, comme nous voions auffi que les bêtes font fouvent trompées par des appas, & que pour éviter de petits maux, elles fe précipitent en de plus grands. C'eft pourquoi nous devons nous fervir de l'expérience & de la raifon, pour diftinguer le bien d'avec le mal, & connoître leur jufte valeur, afin de ne prendre pas l'un pour l'autre, & de ne nous porter à rien avec excès.

LXXXIX.
De l'ufage des mêmes Paffions, entant qu'elles appartiennent à l'ame, & premiérement de l'Amour.

Ce qui fuffiroit, fi nous n'avions en nous que le corps, ou qu'il fût nôtre meilleure partie ; mais d'autant qu'il n'eft que la moindre, nous devons principalement confidérer les Paffions entant qu'elles apartiennent à l'ame, au regard de laquelle l'Amour & la Haine viennent de la connoiffance, & précédent la Joie & la Trifteffe, excepté lors que ces deux derniéres tiennent le lieu de la connoiffance, dont elles font des efpéces. Et lors que cette connoiffance eft vraie, c'eft-à-dire que les chofes qu'elle nous porte à aimer font véritablement bonnes ; & celles qu'elle nous porte à haïr font véritablement mauvaifes ; l'Amour eft in-

com-

comparablement meilleure que la Hai- II. PAR.
ne, elle ne sauroit être trop grande;
& elle ne manque jamais de produire
la Joie. Je dis que cette Amour est
extrêmement bonne, pource que joi-
gnant à nous de vrais biens, elle nous
perfectionne d'autant. Je dis aussi qu'elle ne sauroit être trop grande; car tout
ce que la plus excessive peut faire, c'est
de nous joindre si parfaitement à ces
biens; que l'Amour que nous avons
particuliérement pour nous-mêmes n'y
mette aucune distinction, ce que je
croi ne pouvoir jamais être mauvais.
Et elle est nécessairement suivie de la
joie, à cause qu'elle nous représente
ce que nous aimons, comme un bien
qui nous appartient.

La Haine au contraire, ne sauroit XC.
*De la Hai-
ne.*
être si petite qu'elle ne nuise, & elle
n'est jamais sans Tristesse. Je dis qu'elle ne sauroit être trop petite, à cause
que nous ne sommes incitez à aucune
action par la Haine du mal, que nous
ne le puissions être encore mieux par
l'Amour du bien auquel il est contraire : au moins lors que ce bien & ce
mal sont assez connus. Car j'avoue
que la Haine du mal qui n'est manife-
sté que par la douleur, est nécessaire
au regard du corps ; mais je ne parle
ici que de celle, qui vient d'une con-
noif-

II. PAR. noiſſance plus claire, & je ne la rap- porte qu'à l'ame. Je dis auſſi qu'elle n'eſt jamais ſans Triſteſſe, à cauſe que le mal n'étant qu'une privation, il ne peut être conçu ſans quelque ſujet réel dans lequel il ſoit, & il n'y a rien de réel qui n'ait en ſoi quelque bonté; de façon que la Haine qui nous éloigne de quelque mal, nous éloigne par même moien du bien auquel il eſt joint, & la privation de ce bien étant repré- ſentée à nôtre ame, comme un dé- faut qui lui appartient, excite en elle la Triſteſſe. Par exemple, la Haine qui nous éloigne des mauvaiſes mœurs de quelqu'un, nous éloigne par même moien de ſa converſation, en laquelle nous pourrions ſans celà trouver quel- que bien, duquel nous ſommes fâ- chez d'être privez. Et ainſi en toutes les autres Haines, on peut remarquer quelque ſujet de Triſteſſe.

XCI.
Du Deſir;
de la Joie;
& de la
Triſteſſe.

Pour le Deſir, il eſt évident que lors qu'il procéde d'une vraie connoiſ- ſance, il ne peut être mauvais, pour- vû qu'il ne ſoit point exceſſif, & que cette connoiſſance le régle. Il eſt évi- dent auſſi que la Joie ne peut manquer d'être bonne, ni la Triſteſſe d'être mauvaiſe, au regard de l'ame; pour- ce que c'eſt en la derniére que conſi- ſte toute l'incommodité que l'ame re- çoit

çoit du mal, & en la premiére que confifte toute la jouïffance du bien qui lui
appartient : De façon que fi nous n'a-
vions po<nt de corps, j'oferois dire que
nous ne pourrions trop nous abandon-
ner à l'Amour & à la Joie, ni trop
éviter la Haine & la Trifteffe. Mais les
mouvemens corporels qui les accompagnent, peuvent tous êtres nuifibles
à la fanté lors qu'ils font fort violens ;
& au contraire lui être utiles lors qu'ils
ne font que modérez.

Au refte puifque la Haine & la Trifteffe doivent être rejetées par l'ame,
lors même qu'elles procédent d'une
vraie connoiffance, elles doivent l'être
à plus forte raifon lors qu'elles viennent de quelque fauffe opinion. Mais
on peut douter fi l'Amour & la Joie
font bonnes ou non, lors qu'elles font
ainfi mal fondées ; & il me femble que
fi on ne confidére précifément que ce
qu'elles font en elles mêmes, à l'égard
de l'ame, on peut dire que bien que
la Joie foit moins folide, & l'Amour
moins avantageufe, que lors qu'elles
ont un meilleur fondement, elles ne
laiffent pas d'être préférables à la Trifteffe & à la Haine auffi mal fondées :
En forte que dans les rencontres de la
vie, où nous ne pouvons éviter le hazard d'être trompez, nous faifons toû-

II. PAR.

XCII.
*De la Joie
& de l'A-
mour, com-
parées avec
la Triftesse
& la Hai-
ne.*

G

jours

II. PAR. jours beaucoup mieux de pancher vers les paſſions qui tendent au bien, que vers celles qui regardent le mal, encore que ce ne ſoit que pour l'éviter.

Et même ſouvent une fauſſe Joie, vaut mieux qu'une Triſteſſe dont la cauſe eſt vraie. Mais je n'oſe pas dire le même de l'Amour, au regard de la Haine : car lors que la Haine eſt juſte, elle ne nous éloigne que du ſujet qui contient le mal dont il eſt bon d'être ſéparé ; au lieu que l'Amour qui eſt injuſte, nous joint à des choſes qui peuvent nuire, ou du moins qui ne méritent pas d'être tant conſidérées par nous qu'elles ſont ; ce qui nous avilit, & nous abaiſſe.

XCIII.
Des mêmes Paſ-
ſions, en-
tant qu'el-
les ſe rap-
portent au
Deſir.

Et il faut exactement remarquer, que ce que je viens de dire de ces quatre paſſions, n'a lieu que lors qu'elles ſont conſidérées préciſément en elles-mêmes, & qu'elles ne nous portent à aucune action. Car entant qu'elles excitent en nous le Deſir, par l'entremiſe duquel elles réglent nos mœurs, il eſt certain que toutes celles dont la cauſe eſt fauſſe peuvent nuire, & qu'au contraire toutes celles dont la cauſe eſt juſte peuvent ſervir ; Et même que lors qu'elles ſont également mal fondées, la Joie eſt ordinairement plus nuiſible que la Triſteſſe, pource que

celle-

celle-ci donnant de la retenuë & de la crainte, difpofe en quelque façon à la Prudence, au lieu que l'autre rend inconfidérez & téméraires ceux qui s'abandonnent à elle.

Mais pource que ces Paffions ne nous peuvent porter à aucune action, que par l'entremife du Defir qu'elles excitent, c'eft particuliérement ce Defir que nous devons avoir foin de régler ; & c'eft en celà que confifte la principale utilité de la Morale. Or comme j'ai tantôt dit, qu'il eft toûjours bon lors qu'il fuit une vraie connoiffance ; ainfi il ne peut manquer d'être mauvais, lors qu'il eft fondé fur quelque erreur. Et il me femble que l'erreur qu'on commet le plus ordinairement touchant les Defirs, eft qu'on ne diftingue pas affez les chofes qui dépendent entiérement de nous, de celles qui n'en dépendent point. Car pour celles qui ne dépendent que de nous, c'eft-à-dire de notre libre arbitre, il fuffit de favoir qu'elles font bonnes, pour ne les pouboir defirer avec trop d'ardeur, à caufe que c'eft fuivre la vertu, que de faire les chofes bonnes qui dépendent de nous ; & il eft certain qu'on ne fauroit avoir un Defir trop ardent pour la vertu, outre que ce que nous defirons en cette façon ne

XCIV.

Des Defirs dont l'évenement ne dépend que de nous.

G 2 pou-

II. Par, pouvant manquer de nous réüſſir, puis que c'eſt de nous ſeuls qu'il dépend, nous en recevons toûjours toute la ſatisfaction que nous en avons attenduë. Mais la faute qu'on a coutume de commettre en ceci, n'eſt jamais qu'on deſire trop ; c'eſt ſeulement qu'on deſire trop peu. Et le ſouverain reméde contre cela, eſt de ſe délivrer l'eſprit, autant qu'il ſe peut, de toutes ſortes d'autres Deſirs moins utiles, puis de tâcher de connoître bien clairement, & de conſidérer avec attention, la bonté de ce qui eſt à deſirer.

XCV.
De ceux qui ne dépendent que des autres choſes ; Et ce que c'eſt que la Fortune.

Pour les choſes qui ne dépendent aucunement de nous, tant bonnes qu'elles puiſſent être, on ne les doit jamais deſirer avec Paſſion, non ſeulement à cauſe qu'elles peuvent n'arriver pas, & par ce moien nous affliger d'autant plus que nous les aurons plus ſouhaitées ; mais principalement à cauſe qu'en occupant nôtre penſée, elles nous détournent de porter nôtre affection à d'autres choſes, dont l'acquiſition dépend de nous. Et il y a deux reménédes généraux contre ces vains Deſirs ; Le premier eſt la Généroſité, de laquelle je parlerai ci-après ; Le ſecond eſt que nous devons ſouvent faire réflexion ſur la Providence divine, & nous repréſenter qu'il eſt impoſſible, qu'au-

qu'aucune chofe arrive d'autre façon, II. PAR.
qu'elle a été déterminée de toute éter-
nité par cette providence ; en forte
qu'elle eft comme *une fatalité* ou *une
néceffité immuable*, qu'il faut oppofer
à *la Fortune*, pour la détruire, comme une chimére qui ne vient que de
l'erreur de nôtre entendement. Car
nous ne pouvons defirer que ce que
nous eftimons en quelque façon être
poffible ; & nous ne pouvons eftimer
poffibles les chofes qui ne dépendent
point de nous, qu'entant que nous
penfons qu'elles dépendent de *la Fortune*, c'eft-à-dire que nous jugeons
qu'elles peuvent arriver, & qu'il en eft
arrivé autrefois de femblables. Or cette opînion n'eft fondée que fur ce que
nous ne connoiffons pas toutes les caufes, qui contribuënt à chaque effet.
Car lors qu'une chofe que nous avons
eftimée dépendre de la Fortune n'arrive pas, celà témoigne que quelqu'une
des caufes qui étoient néceffaires pour
la produire a manqué, & par conféquent qu'elle étoit abfolument impoffible ; & qu'il n'en eft jamais arrivé de
femblable, c'eft-à-dire, à la production
de laquelle une pareille caufe ait auffi
manqué ; en forte que fi nous n'euffions point ignoré celà auparavant,
nous ne l'euffions jamais eftimée pof-

G 3

fible,

II. PAR. fible, ni par conféquent ne l'euffions defirée.

XCVI.
De ceux qui dépen-dent de nous & d'autrui.

Il faut donc entiérement rejetter l'o-pinion vulgaire, qu'il y a hors de nous une Fortune, qui fait que des chofes arrivent ou n'arrivent pas felon fon plaifir; & favoir que tout eft conduit par la Providence divine, dont le de-cret éternel eft tellement infaillible & immuable, qu'excepté les chofes que ce même decret a voulu dépen-dre de nôtre libre arbitre, nous de-vons penfer qu'à nôtre égard il n'ar-rive rien qui ne foit néceffaire, & comme fatal, en forte que nous ne pouvons fans erreur defirer qu'il arri-ve d'autre façon. Mais pource que la plûpart de nos Defirs s'étendent à des chofes, qui ne dépendent pas toutes de nous, ni toutes d'autrui, nous devons exactement diftinguer en elles ce qui ne dépend que de nous, afin de n'étendre nôtre defir qu'à ce-là feul. Et pour le furplus, encore que nous en devions eftimer le fuc-cès entiérement fatal & immuable, afin que nôtre Defir ne s'y occupe point, nous ne devons pas laiffer de confidérer les raifons qui le font plus ou moins efpérer, afin qu'elles fervent à régler nos actions. Car par exem-ple, fi nous avons affaire en quelque

lieu,

lieu, où nous puissions aller par deux II. PAR.
divers chemins, l'un desquels ait coutume d'être beaucoup plus sûr que
l'autre, bien que peut-être le decret
de la Providence soit tel, que si nous
allons par le chemin qu'on estime le
plus sûr, nous ne manquerons pas d'y
être volez, & qu'au contraire nous
pourrons passer par l'autre sans aucun danger, nous ne devons pas pour
celà être indifférens à choisir l'un ou
l'autre ; ni nous reposer sur la fatalité immuable de ce decret. Mais la
raison veut que nous choisissions le
chemin qui a coutume d'être le plus
sûr ; & nôtre Desir doit être accompli touchant celà, lors que nous l'avons suivi, quelque mal qui nous en
soit arrivé ; à cause que, ce mal aiant
été à nôtre égard inévitable, nous
n'avons eu aucun sujet de souhaiter
d'en être exemts, mais seulement de
faire tout le mieux que nôtre entendement a pû connoître, ainsi que je
suppose que nous avons fait. Et il est
certain que lors qu'on s'exerce à distinguer ainsi *la Fatalité*, de *la Fortune*, on s'accoutume aisément à régler
ses Desirs en telle sorte, que dautant
que leur acomplissement ne dépend que
de nous, ils peuvent toûjours nous
donner une entiére satisfaction.

G 4

J'ai

J'ajoûterai seulement encore ici une considération, qui me semble beaucoup servir, pour nous empêcher de recevoir aucune incommodité des Passions : c'est que nôtre bien & nôtre mal, dépend principalement des émotions intérieures, qui ne sont excitées en l'ame que par l'ame même ; en quoi elles diffèrent de ces passions, qui dépendent toûjours de quelque mouvement des esprits. Et bien que ces émotions de l'ame, soient souvent jointes avec les passions qui leur sont semblables, elles peuvent souvent aussi se rencontrer avec d'autres, & même naître de celles qui leur sont contraires. Par exemple, lors qu'un mari pleure sa femme morte, laquelle (ainsi qu'il arrive quelquefois) il seroit fâché de voir ressuscitée ; il se peut faire que son cœur est serré par la Tristesse, que l'appareil des funérailles, & l'absence d'une personne, à la conversation de laquelle il étoit accoutumé, excitent en lui ; & il se peut faire que quelques restes d'amour ou de pitié, qui se présentent à son imagination, tirent de véritables larmes de ses yeux, nonobstant qu'il sente cependant une Joie sécrette, dans le plus intérieur de son ame, l'émotion de laquelle a tant de
pou-

pouvoir, que la Tristesse & les larmes
qui l'accompagnent ne peuvent rien di-
minuër de sa force. Et lors que nous
lisons des avantures étranges dans un
livre, ou que nous les voions représenter sur un théatre, celà excite quelquefois
fois en nous la Tristesse, quelquefois
la Joie, ou l'amour, ou la Haine,
& généralement toutes les Passions,
selon la diversité des objets qui s'of-
frent à nôtre imagination ; mais avec
celà nous avons du plaisir, de les sentir exciter en nous, & ce plaisir est une
Joie intellectuelle, qui peut aussi bien
naître de la Tristesse, que de toutes les
autres Passions.

Or d'autant que ces émotions intérieures nous touchent de plus près, &
ont par conséquent beaucoup plus de
pouvoir sur nous, que les Passions
dont elles diffèrent, qui se rencontrent
avec elles ; il est certain que pourvû
que nôtre ame ait toûjours dequoi se
contenter en son intérieur, tous les
troubles qui viennent d'ailleurs n'ont
aucun pouvoir de lui nuire, mais
plûtot ils servent à augmenter la joie,
en ce que voiant qu'elle ne peut être
offensée par eux, celà lui fait connoître sa perfection. Et afin que nôtre ame
ait ainsi dequoi être contente, elle n'a
besoin que de suivre exactement la ver-

II. PAR.

XCVIII.
Que l'exer-
cice de la
vertu est un
souverain
reméde con-
tre les Pas-
sions.

tu.

II. Par. tu. Car quiconque a vécu en telle sorte, que sa conscience ne lui peut re-
procher qu'il ait jamais manqué à faire toutes les choses qu'il a jugé
être les meilleures, (qui est-ce que je
nomme ici suivre la vertu ;) il en reçoit une satisfaction, qui est si puis-
sante pour le rendre heureux, que les
plus violens efforts des Passions n'ont
jamais assez de pouvoir pour troubler
la tranquillité de son ame.

PHI

PHILOSOPHIE MORALE DE MONSIEUR DESCARTES.

TROISIE'ME PARTIE.

Des Passions particuliéres.

A Près avoir expliqué les six Passions primitives, qui sont comme les genres dont toutes les autres sont des espéces, je remarquerai ici succinctement ce qu'il y a de particulier en chacune de ces autres ; & je retiendrai le même ordre suivant lequel je les ai ci-dessus dénombrées. Les deux premiéres sont l'Estime & le Mépris. Car bien que ces noms ne signifient ordinairement, que les opinions qu'on a sans passion de la valeur

I.
De l'Esti-
me & du
Mépris.

de

III. Par. de chaque chose; toutefois à cause que de ces opinions il naît souvent des Passions, ausquelles on n'a point donné de noms particuliers, il me semble que ceux-ci leur peuvent être attribuez. Et l'estime, entant qu'elle est une Passion, est une inclination qu'a l'ame à se représenter la valeur de la chose estimée, laquelle inclination est causée par un mouvement particulier des esprits, tellement conduits dans le cerveau, qu'ils y fortifient les impressions qui servent à ce sujet: Comme au contraire la Passion du Mépris, est une inclination qu'a l'ame, à considérer la bassesse ou petitesse de ce qu'elle méprise, causée par le mouvement des esprits, qui fortifie l'idée de cette petitesse.

II.

Que ces deux Passions ne sont que des espéces d'Admiration.

Ainsi ces deux Passions, ne sont que des espéces d'Admiration. Car lors que nous n'admirons point la grandeur ni la petitesse d'un objet, nous n'en faisons ni plus ni moins d'état que la raison nous dicte que nous en devons faire; de façon que nous l'estimons ou le méprisons alors sans passion. Et bien que souvent l'Estime soit excitée en nous par l'Amour, & le Mépris par la Haine; cela n'est pas universel, & ne vient que de ce qu'on est plus ou moins enclin à considérer

la

la grandeur ou la petitesse d'un objet,
à raison de ce qu'on a plus ou moins
d'affection pour lui.

Or ces deux Passions se peuvent généralement rapporter à toutes sortes
d'objets ; mais elles sont principalement remarquables , quand nous les
rapportons à nous-mêmes, c'est-à-dire , quand c'est nôtre propre mérite
que nous estimons ou méprisons. Et
le mouvement des esprits qui les cause , est alors si manifeste , qu'il change même la mine, les gestes , la dé-
marche , & généralement toutes les
actions de ceux, qui conçoivent une
meilleure ou plus mauvaise opinion
d'eux-mêmes qu'à l'ordinaire.

Et pource que l'une des principales
parties de la Sagesse , est de savoir en
quelle façon & pour quelle cause chacun se doit estimer ou mépriser ; je
tâcherai ici d'en dire mon opinion. Je
ne remarque en nous qu'une seule
chose, qui nous puisse donner juste raison de nous estimer , à savoir l'usage
de nôtre libre arbitre, & l'empire que
nous avons sur nos volontez. Car il
n'y a que les seules actions qui dépendent de ce libre arbitre , pour lesquelles nous puissions avec raison être loués
ou blâmez , & il nous rend en quelque façon semblables à Dieu , en nous
fai-

III. PAR.

III.
*Qu'on peut
s'estimer ou
mépriser
soi-même.*

IV.
*Pour quel-
le cause on
peut s'esti-
mer.*

III. PAR. faiſant maîtres de nous-mêmes, pourvû que nous ne perdions point par lâcheté les droits qu'il nous donne.

DE LA GENEROSITE' ET DE L'HUMANITE'.

V.
*En quoi
conſiſte la
Généroſité.*

AInſi je croi que la vraie Généroſité, qui fait qu'un homme s'eſtime
au plus haut point qu'il ſe peut légiti-
mement eſtimer, conſiſte ſeulement,
partie en ce qu'il connoît qu'il n'y a
rien qui véritablement lui appartienne,
que cette libre diſpoſition de ſes volontez, ni pourquoi il doive être loué
ou blâmé, ſihon pource qu'il en uſe
bien ou mal; & partie en ce qu'il ſent
en ſoi-même une ferme & conſtante
réſolution d'en bien uſer, c'eſt-à-dire de ne manquer jamais de volonté, pour entreprendre & exécuter toutes les choſes qu'il jugera être les
meilleures. Ce qui eſt ſuivre parfaitement la vertu.

VI.
*Qu'elle
empêche
qu'on ne
mépriſe les
autres.*

Ceux qui ont cette connoiſſance &
ce ſentiment d'eux-mêmes, ſe per-
ſuadent facilement que chacun des autres hommes les peut auſſi avoir de
ſoi, pource qu'il n'y a rien en celà qui
dépende d'autrui. C'eſt pourquoi ils
ne

ne méprifent jamais perfonne : & bien III. Par.
qu'ils voient fouvent que les autres
commettent des fautes , qui font paroître leur foibleffe , ils font toutefois
plus enclins à les excufer qu'à les blâ-
mer , & à croire que c'eft plûtôt par
manque de connoiffance, que par manque de bonne volonté , qu'il les commettent. Et comme ils ne penfent point
être de beaucoup inférieurs à ceux qui
ont plus de biens , ou d'honneurs, ou
même qui ont plus d'efprit , plus de
favoir, plus de beauté , ou généralement qui les furpaffent en quelques autres perfections ; auffi ne s'eftiment-ils
point beaucoup au-deffus de ceux qu'ils
furpaffent ; à caufe que toutes ces chofes leur femblent être fort peu confidé-
rables ; à comparaifon de la bonne volonté pour laquelle feule ils s'eftiment,
& laquelle ils fuppofent auffi être, ou
du moins pouvoir être , en chacun
des autres hommes.

Ainfi les plus Généreux ont cou- VII.
tume d'être les plus humbles, & l'Hu- *En quoi*
milité vertueufe ne confifte qu'en ce *confifte*
que la réflexion que nous faifons fur *l'Humilité*
l'infirmité de nôtre nature , & fur les *vertueufe.*
fautes que nous pouvons autrefois
avoir commifes, ou fommes capables
de commettre, qui ne font pas moindres que celles qui peuvent être com-
mi-

III. PAR. mises par d'autres , est cause que nous ne nous préférons à personne , & que nous pensons que les autres aiant leur libre arbitre aussi bien que nous , ils en peuvent aussi bien user.

VIII.

Quelles sont les propriétez de la Générosité ; & comment elle sert de reméde contre tous les déréglemens des Passions.

Ceux qui sont Généreux en cette façon , sont naturellement portez à faire de grandes choses , & toutefois à ne rien entreprendre dont ils ne se sentent capables. Et pource qu'ils n'estiment rien de plus grand que de faire du bien aux autres hommes , & de mépriser son propre interêt pour ce sujet , ils sont toûjours parfaitement courtois , affables, & officieux envers un chacun. Et avec cela ils sont entiérement maîtres de leurs Passions; particuliérement des Desirs , de la Jalousie , & de l'Envie , à cause qu'il n'y a aucune chose dont l'aquisition ne dépende pas d'eux , qu'ils pensent valoir assez pour mériter d'être beaucoup souhaitée ; & de la Haine envers les hommes , à cause qu'ils les estiment tous ; & de la Peur , à cause que la confiance qu'ils ont en laur vertu les assûre ; & enfin de la Colére , à cause que n'estimant que fort peu toutes les choses qui dépendent d'autrui, jamais ils ne donnent tant d'avantage à leurs ennemis , que de reconnoître qu'ils en sont offensez.

Tous

Tous ceux qui conçoivent bonne opinion d'eux-mêmes pour quelque autre cause, telle qu'elle puisse être, n'ont pas une vraie Générosité, mais seulement un Orgueil qui est toûjours fort vitieux, encore qu'il le soit d'autant plus, que la cause pour laquelle on s'estime est plus injuste. Et la plus injuste de toutes est, lors qu'on est orgueilleux sans aucun sujet, c'est-à-dire sans qu'on pense pour celà qu'il y ait en soi aucun mérite, pour lequel on doive être prisé : mais seulement pource qu'on ne fait point d'état du mérite, & que s'imaginant que la gloire n'est autre chose qu'une usurpation, l'on croit que ceux qui s'en attribuent le plus, en ont le plus. Ce vice est si déraisonnable & si absurde, que j'aurois de la peine à croire qu'il y eût des hommes qui s'y laissassent aller, si jamais personne n'étoit loué injustement ; mais la flatterie est si commune par tout, qu'il n'y a point d'homme si défectueux, qu'il ne se voie souvent estimer pour des choses qui ne méritent aucune louange, ou même qui méritent du blâme ; ce qui donne occasion aux plus ignorans & aux plus stupides, de tomber en cette espéce d'Orgueil.

III. PAR. IX.
De l'Or-
gueil.

H   Mais

III. PAR.
X.
*Que ces ef-
fets font
contraires
à ceux de
la Généro-
fité.*

Mais quelle que puisse être la cause pour laquelle on s'estime, si elle est
autre que la volonté qu'on sent en soi-
même, d'user toûjours bien de son
libre arbitre, de laquelle j'ai dit que
vient la Générosité, elle produit toûjours un Orgueil très-blâmable, &
qui est si différent de cette vraie Générosité, qu'il a des effets entiérement contraires. Car tous les autres
biens, comme l'esprit, la beauté, les
richesses, les honneurs, &c. aiant
coutume d'être d'autant plus estimez,
qu'ils se trouvent en moins de personnes, & même étant pour la plûpart
de telle nature, qu'ils ne peuvent être
communiquez à plusieurs; celà fait que
les Orgueilleux tâchent d'abaisser tous
les autres hommes, & qu'étant escla-
ves de leurs Desirs, ils ont l'ame in-
cessamment agitée de Haine, d'Envie,
de Jalousie, ou de Colére.

XI.
*De l'Hu-
milité vi-
tieuse.*

Pour la Bassesse ou Humilité vitieuse, elle consiste principalement en
ce qu'on se sent foible ou peu résolu,
& que, comme si on n'avoit pas l'u-
sage entier de son libre arbitre, on ne
se peut empêcher de faire des choses,
dont on sait qu'on se repentira par
après : Puis aussi en ce qu'on croit ne
pouvoir subsister par soi-même, ni se
passer de plusieurs choses, dont l'ac-
qui-

quifition dépend d'autrui. Ainfi elle eft III. PAR.
directement oppofée à la Générofité ,
& il arrive fouvent que ceux qui ont
l'efprit le plus bas , font les plus arrogans & fuperbes , en même façon
que les plus généreux font les plus
modeftes & les plus humbles. Mais
au lieu que ceux qui ont l'efprit fort
& généreux , ne changent point d'humeur pour les profpéritez ou adverfi-
tez qui leur arrivent ; ceux qui l'ont
foible & abjet ne font conduits que
par la fortune ; & la profpérité ne les
enfle pas moins que l'adverfité les
rend humbles. Même on void fouvent qu'ils s'abaiffent honteufement ,
auprès de ceux dont ils attendent
quelque profit ou craignent quelque
mal , & qu'au même tems ils s'élévent
infolemment , au-deffus de ceux defquels ils n'efpérent ni ne craignent aucune chofe.

Au refte il eft aifé à connoître que X I I.
l'Orgueil & la Baffeffe ne font pas feu- *Quel eft*
lement des vices , mais auffi des Paf- *le mouve-*
fions , à caufe que leur émotion pa- *ment des*
roît fort à l'extérieur en ceux qui font *efprits en*
fubitement enflez ou abatus par quel- *ces Paf-*
que nouvelle occafion. Mais on peut *fions.*
douter fi la Générofité & l'Humilité ,
qui font des vertus , peuvent auffi
être des Paffions , pource que leurs
H 2　　mou-

III. Par. mouvemens paroiſſent moins, & qu'il, ſemble que la vertu ne ſymboliſe pas, tant avec la Paſſion, que fait le vice. Toutefois je ne voi point de raiſon, qui empêche que le même mouvement des eſprits, qui ſert à fortifier une penſée, lors qu'elle a un fondement qui eſt mauvais, ne la puiſſe auſſi fortifier, lors qu'elle en a un qui eſt juſte. Et pource que l'Orgueil & la Généroſité, ne conſiſtent qu'en la bonne opinion qu'on a de ſoi même, & ne différent qu'en ce que cette opinion eſt injuſte en l'un, & juſte en l'autre; il me ſemble qu'on les peut rapporter à une même Paſſion; laquelle eſt excitée par un mouvement compoſé de ceux de l'Admiration, de la Joie, & de l'Amour, tant de celle qu'on a pour ſoi, que de celle qu'on a pour la choſe qui fait qu'on s'eſtime; Comme au contraire le mouvement qui excite l'Humilité, ſoit vertueuſe, ſoit vitieuſe, eſt compoſé de ceux de l'Admiration, de la Triſteſſe, & de l'Amour qu'on a pour ſoi-même, mêlée avec la Haine qu'on a pour les défauts, qui font qu'on ſe mépriſe. Et toute la différence que je remarque en ces mouvemens, eſt que celui de l'Admiration a deux propriétez; la première, que la ſurpriſe le rend fort

dès

dès son commencement ; & l'autre , III. Par.
qu'il est égal en sa continuation , c'est-
à-dire que les esprits continuent à se
mouvoir d'une même teneur dans le
cerveau. Desquelles propriétez la premiére se rencontre bien plus en l'Orgueil & en la Bassesse , qu'en la Générosité & en l'Humilité vertueuse ;
& au contraire la derniére se remarque mieux en celles-ci qu'aux deux
autres. Dont la raison est , que le vice vient ordinairement de l'ignoran-
ce , & que ce sont ceux qui se connoissent le moins , qui sont les plus
sujets à s'enorgueillir , & à s'humilier
plus qu'ils ne doivent ; à cause que
tout ce qui leur arrive de nouveau les
surprend , & fait que se l'attribuant à
eux-mêmes ils s'admirent ; & qu'ils
s'estiment ou se méprisent , selon qu'ils
jugent que ce qui leur arrive est à leur
avantage , ou n'y est pas. Mais pource que souvent après une chose qui les
a enorgueillis , il en survient une autre qui les humilie , le mouvement
de leur Passion est variable. Au contraire il n'y a rien en la Générosité ,
qui ne soit compatible avec l'humilité
vertueuse , ni rien ailleurs qui les puisse changer ; ce qui fait que leurs mouvemens sont fermes , constans , &
toûjours fort semblables à eux-mêmes.

H 3

Mais

III. PAR. Mais ils ne viennent pas tant de surprise, pource que ceux qui s'estiment en cette façon connoissent assez quelles sont les causes qui font qu'ils s'estiment. Toutefois on peut dire que ces causes sont si merveilleuses (à savoir la puissance d'user de son libre arbitre, qui fait qu'on se prise soi-même, & les infirmitez du sujet en qui est cette puissance, qui font, qu'on ne s'estime pas trop) qu'à toutes les fois qu'on se les représente de nouveau, elles donnent toûjours une nouvelle Admiration.

XIII.
Comment la Géné-rosité peut être acqui-se.

Et il faut remarquer que ce qu'on nomme communément des vertus, sont des habitudes en l'ame qui la disposent à certaines pensées, en sorte qu'elles sont différentes de ces pensées, mais qu'elles les peuvent produire, & réciproquement être produites par elles. Il faut remarquer aussi que ces pensées peuvent être produites par l'ame seule, mais qu'il arrive souvent que quelque mouvement des esprits les fortifie, & que pour lors elles sont des actions de vertu, & ensemble des Passions de l'ame. Ainsi encore qu'il n'y ait point de vertu, à laquelle il semble que la bonne naissance contribuë tant, qu'à celle qui fait qu'on ne s'estime que selon sa juste valeur ; & qu'il soit aisé

à

à croire, que toutes les ames que III.Par.
Dieu met en nos corps, ne font pas
également nobles & fortes, (ce qui
eft caufe que j'ai nommé cette vertu
Générofité, fuivant l'ufage de nôtre
langue, plûtôt que *Magnanimité*,
fuivant l'ufage de l'Ecole, où elle n'eft
pas fort connûe ;) il eft certain néanmoins que la bonne inftitution fert
beaucoup, pour corriger les défauts
de la naiffance. Et que fi on s'occupe
fouvent à confidérer ce que c'eft que
le libre arbitre, & combien font grands
les avantages qui viennent de ce qu'on
a une ferme réfolution d'en bien ufer :
comme auffi d'autre côté, combien
font vains & inutiles tous les foins
qui travaillent les ambitieux ; on peut
exciter en foi la Paffion, & enfuite acquérir la vertu de Générofité, laquelle étant comme la clef de
toutes les autres vertus, & un reméde général contre tous les déréglemens des Paffions, il me femble que
cette confidération mérite bien d'être
remarquée.

 DE

DE LA VENERATION ET DU DEDAIN.

XIV.
De la Vé-
nération.

LA Vénération ou le Respect, est *une inclination de l'ame, non seulement à estimer l'objet qu'elle révére, mais aussi à se soûmettre à lui avec quelque crainte, pour tâcher de se le rendre favorable.* De façon que nous n'avons de la Vénération que pour les causes libres, que nous jugeons capables de nous faire du bien ou du mal, sans que nous sachions lequel des deux elles feront. Car nous avons de l'Amour & de la devotion, plûtôt qu'une simple Vénération, pour celles de qui nous n'attendons que du bien : & nous avons de la Haine pour celles de qui nous n'attendons que du mal. Et si nous ne jugeons point que la cause de ce bien ou de ce mal soit libre, nous ne nous soûmettons point à elle pour tâcher de l'avoir favorable. Ainsi quand les Paiens avoient de la Vénération pour des bois, des fontaines, ou des montagnes ; ce n'étoit pas proprement ces choses mortes qu'ils révéroient, mais les divinitez qu'ils pensoient y présider. Et le mouvement des esprits qui excite cette Passion, est

com-

composé de celui qui excite l'Admi- III. PAR.
ration , & de celui qui excite la
Crainte , de laquelle je parlerai ci-
après.

Tout de même ce que je nomme   X V.
le *Dédain* , est *l'inclination qu'a l'ame* *Du Dé-*
à mépriser une cause libre , en jugeant *dain.*
que bien que de sa nature elle soit ca-
pable de faire du bien & du mal , elle
est néanmoins si fort au dessous de nous ,
qu'elle ne nous peut faire ni l'un ni l'au-
tre. Et le mouvement des esprits qui
l'excite , est composé de ceux qui excitent l'Admiration , & la Sécurité ,
ou la Hardiesse.

Et c'est la Générosité , & la Foibles-   X V I.
se de l'esprit ou la Bassesse , qui déter- *De l'usage*
minent le bon & le mauvais usage de *de ces deux*
ces deux Passions. Car d'autant qu'on *Passions.*
a l'ame plus noble & plus généreuse ,
d'autant a-t-on plus d'inclination à rendre à chacun ce qui lui appartient ; &
ainsi on n'a pas seulement une très-pro-
fonde Humilité au regard de Dieu ,
mais aussi on rend sans répugnance tout
l'Honneur & le Respect qui est dû aux
hommes , à chacun selon le rang &
l'autorité qu'il a dans le monde ; & on
ne méprise rien que les vices. Au contraire ceux qui ont l'esprit bas & foible,
sont sujets à pécher par excès , quelquefois en ce qu'ils révèrent & crai-
guent

III. PAR. gnent des choses qui ne sont dignes que de mépris, & quelquefois en ce qu'ils dédaignent insolemment, celles qui méritent le plus d'être révérées. Et ils passent souvent fort promptement, de l'extrême impiété à la superstition, puis de la superstition à l'impiété ; en sorte qu'il n'y a aucun vice, ni aucun déréglement d'esprit dont ils ne soient capables.

DE L'ESPE'RANCE, ET DE LA CRAINTE.

XVII. *Leurs dé-finitions.* L'Espérance est *une disposition de l'a-me à se persuader que ce qu'elle de-sire aviendra*, laquelle est causée par un mouvement particulier des esprits, à savoir par celui de la Joie & du Desir mêlez ensemble. Et la Crainte est *une autre disposition de l'ame, qui lui per-suadt qu'il n'aviendra pas.* Et il est à remarquer que bien que ces deux Pas-sions soient contraires, on les peut néanmoins avoir toutes deux ensem-ble, à savoir lors qu'on se représente en même tems diverses raisons, dont les unes font juger que l'acomplisse-ment du Desir est facile, les autres le font paroître difficile.

Et

Et jamais l'une de ces Passions n'accompagne le Desir, qu'elle ne laisse quelque place à l'autre. Car lors que l'Espérance est si forte, qu'elle chasse entiérement la Crainte, elle change de nature, & se nomme *Securité* ou *Assurance*. Et quand on est assuré que ce qu'on desire aviendra, bien qu'on continuë à vouloir qu'il avienne, on cesse néanmoins d'être agité de la passion du Desir, qui en faisoit rechercher l'événement avec inquiétude. Tout de même lors que la Crainte est si extrême, qu'elle ôte tout lieu à l'Espérance, elle se convertit en *Desespoir* : & ce Desespoir représentant la chose comme impossible, éteint entiérement le Desir, lequel ne se porte qu'aux choses possibles.

La Jalousie est *une espéce de Crainte, qui se rapporte au Desir qu'on a de se conserver la possession de quelque bien;* & elle ne vient pas tant de la force des raisons, qui font juger qu'on le peut perdre, que de la grande estime qu'on en fait, laquelle est cause qu'on examine jusques aux moindres sujets de soupçon, & qu'on les prend pour des raisons fort considérables.

Et pource qu'on doit avoir plus de soin de conserver les biens qui sont fort grands, que ceux qui sont moindres,

III. Par.
XVIII.
*De la Sécurité, &
du Desespoir.*

XIX.
De la Jalousie.

X X.
*En quoi cette Passion peut
être honnête.*

III. PAR. drés, cette Passion peut être juste &
honnête en quelques occasions. Ainsi
par exemple un capitaine qui garde une
place de grande importance , a droit
d'en être jaloux, c'est-à-dire de se dé-
fier de tous les moïens par lesquels elle pourroit être surprise ; & une honnête femme n'est pas blâmée d'être ja-
louse de son honneur , c'est-à-dire de
ne se garder pas seulement de mal faire , mais aussi d'éviter jusques aux
moindres sujets de médisance.

XXI.   Mais on se mocque d'un avaricieux,
En quoi el- lorsqu'il est jaloux de son trésor, c'est-
le est blâ- à-dire lors qu'il le couve des yeux, &
mable. ne s'en veut jamais éloigner , de peur
qu'il soit dérobé ; car l'argent ne vaut
pas la peine d'être gardé avec tant de
soin. Et on méprise un homme qui est
jaloux de sa femme , pource que c'est
un témoignage qu'il ne l'aime pas de
la bonne sorte , & qu'il a mauvaise
opinion de soi ou d'elle. Je dis qu'il
ne l'aime pas de la bonne sorte ; car s'il
avoit une vrai Amour pour elle , il
n'auroit aucune inclination à s'en dé-
fier. Mais ce n'est pas proprement elle
qu'il aime , c'est seulement le bien
qu'il imagine consister à en avoir seul
la possession ; & il ne craindroit pas de
perdre ce bien , s'il ne jugeoit qu'il
en est indigne , ou bien que sa femme
est

est infidéle. Au reste cette Passion ne
se rapporte qu'aux soupçons & aux dé-
fiances : car ce n'est pas proprement
être jaloux, que de tâcher d'éviter
quelque mal, lors qu'on a juste sujet
de le craindre.

L'Irrésolution est aussi *une espéce de*
Crainte, qui retenant l'ame comme en
balance entre plusieurs actions qu'elle
peut faire, est cause qu'elle n'en exécu-
te aucune, & ainsi qu'elle a du tems
pour choisir avant que de se déterminer.
En quoi véritablement elle a quelque
usage qui est bon. Mais lors qu'elle
dure plus qu'il ne faut, & qu'elle fait
emploier à délibérer le tems qui est requis pour agir, elle est fort mauvaise.
Or je dis qu'elle est une espéce de
Crainte, nonobstant qu'il puisse arriver, lors qu'on a le choix de plusieurs
choses dont la bonté paroît fort égale,
qu'on demeure incertain & irrésolu,
sans qu'on ait pour cela aucune Crainte. Car cette sorte d'irrésolution vient
seulement du sujet qui se présente, &
non point d'aucune émotion des esprits ; c'est pourquoi elle n'est pas une
Passion, si ce n'est que la Crainte qu'on
a de manquer en son choix, en augmente l'incertitude. Mais cette Crainte est si ordinaire & si forte en quelques-uns, que souvent encore qu'ils
n'aient

III. PAR.

XXII.
De l'Irré-
solution.

III. PAR. n'aient point à choisir , & qu'ils ne voient qu'une seule chose à prendre ou à laisser , elle les retient , & fait qu'ils s'arrêtent inutilement à en chercher d'autres. Et alors c'est un excès d'Irréfolution , qui vient d'un trop grand desir de bien faire , & d'une foiblesse de l'entendement , lequel n'aiant point de notions claires & distinctes , en a seulement beaucoup de confuses. C'est pourquoi le reméde contre cet excès , est de s'accoutumer à former des jugemens certains & déterminez , touchant toutes les choses qui se présentent , & à croire qu'on s'aquitte toûjours de son devoir , lors qu'on fait ce qu'on juge être le meilleur , encore que peut-être on juge très-mal.

DU COURAGE ET DE LA HARDIESSE.

XXIII.
Leurs définitions. LE Courage , lors que c'est une Passion , & non point une habitude ou inclination naturelle , est *une certaine chaleur ou agitation , qui dispose l'ame à se porter puissamment à l'exécution des choses qu'elle veut faire, de quelle nature qu'elles soient:* Et la Hardiesse *est une espéce de Courage, qui dispose l'ame à l'exécution des cho-*

ses

ses qui sont les plus dangereuses.   III. Par.

Et *l'Emulation* en est aussi une espé-   XXIV.
ce, mais en un autre sens : Car on *De l'Emu-*
peut considérer le Courage comme un *lation.*
genre, qui se divise en autant d'espéces
qu'il y a d'objets différens, & en autant d'autres qu'il a de causes ; en la
premiére façon *la Hardiesse* en est une
espéce, en l'autre *l'Emulation.* Et
cette derniére n'est autre chose qu'une
chaleur, qui dispose l'ame à entreprendre des choses, qu'elle espére lui pouvoir réüssir, pource qu'elle les voit
réüssir à d'autres ; & ainsi c'est une
espéce de courage, duquel la cause
externe est l'exemple. Je dis la cause
externe ; pource qu'il doit outre celà
y en avoir toûjours une interne, qui
consiste en ce qu'on a le corps tellement disposé, que le Desir & l'Espérance ont plus de force à faire
aller quantité de sang vers le cœur,
que la Crainte ou le Desespoir à l'empêcher.

Car il est à remarquer que bien que   XXV.
c'est dans les affaires les plus dange-   *Comment*
reuses & les plus desespérées, qu'on *la Hardies-*
emploie le plus de Hardiesse & de *se dépend*
Courage ; Il est besoin néanmoins *de l'Espé-*
qu'on espére, ou même qu'on soit as-   *rance.*
sûré, que la fin qu'on se propose réüs-
sira, pour s'opposer avec vigueur aux
dif-

III.Par. difficultez qu'on rencontre. Mais cette fin est différente de cet objet. Car on ne sauroit être assûré & desespéré d'une même chose, en même tems. Ainsi quand *les Decies* se jettoient au travers des ennemis, & couroient à une mort certaine, l'objet de leur Hardiesse étoit la difficulté de conserver leur vie pendant cette action, pour laquelle difficulté ils n'avoient que du Desespoir, car ils étoient certains de mourir; mais leur fin étoit d'animer leurs soldats par leur exemple, & de leur faire gagner la victoire, pour laquelle ils avoient de l'Espérance; ou bien aussi leur fin étoit d'avoir de la gloire après leur mort, de laquelle ils étoient assûrez.

DE LA LACHETE' ET DE LA PEUR.

XXVI.
Leurs Définitions.

L A Lâcheté est directement opposée au Courage, & c'est *une langueur ou froideur, qui empêche l'ame de se porter à l'exécution des choses qu'elle feroit, si elle étoit exempte de cette Passion.* Et la Peur ou l'Epouvante, qui est contraire à la Hardiesse, *n'est pas seulement une froideur, mais aussi un trouble & un étonnement de*

de l'ame , qui lui ôte le pouvoir de
réſiſter aux maux qu'elle penſe être
proches.

   Or encore que je ne me puiſſe perſuader que la nature ait donné aux
hommes quelque Paſſion qui ſoit toûjours viticuſe , & n'ait aucun uſage bon
& louable ; j'ai toutefois bien de la peine à deviner à quoi ces deux peuvent
ſervir. Il me ſemble ſeulement que la
Lâcheté a quelque uſage lors qu'elle
fait qu'on eſt exempt des peines, qu'on
pourroit être incité à prendre par des
raiſons vrai-ſemblables, ſi d'autres raiſons plus certaines , qui les ont fait
juger inutiles , n'avoient excité cette
Paſſion. Car outre qu'elle exempte
l'ame de ces peines, elle ſert auſſi alors
pour le corps, en ce que retardant le
mouvement des eſprits , elle empêche
qu'on ne diſſipe ſes forces. Mais ordinairement elle eſt très-nuiſible, à cauſe qu'elle détourne la volonté des
actions utiles. Et pource qu'elle ne
vient que de ce qu'on n'a pas aſſez d'Eſ-
perance ou de Deſir, il ne faut qu'augmenter en ſoi ces deux Paſſions, pour
la corriger.

   Pour ce qui eſt de la Peur ou de l'E-
pouvante, je ne voi point qu'elle puiſſe jamais être louable ni utile ; auſſi
n'eſt-ce pas une Paſſion particuliére,

III. PAR.

XXVII.
De l'uſage
de la lâ-
cheté.

XXVIII.
De l'uſage
de la Peur.

I   c'eſt

III. Par. c'eſt ſeulement un excès de Lâcheté, d'Etonnement, & de Crainte, lequel eſt toûjours vicieux; ainſi que la Hardieſſe eſt un excès de Courage, qui eſt toûjours bon, pourvû que la fin qu'on ſe propoſe ſoit bonne. Et pource que la principale cauſe de la Peur eſt la ſurpriſe, il n'y a rien de meilleur pour s'en exempter, que d'uſer de préméditation, & de ſe préparer à tous les événemens, la crainte deſquels la peut cauſer.

DU REMORS.

XXIX. *Sa Definition & ſon uſage.*

LE remors de conſcience eſt *une eſpéce de Triſteſſe, qui vient du doute qu'on a qu'une choſe qu'on fait ou qu'on a faite, n'eſt pas bonne.* Et il préſuppoſe néceſſairement le doute. Car ſi on étoit entiérement aſſûré que ce qu'on fait fût mauvais, on s'abſtiendroit de le faire ; d'autant que la volonté ne ſe porte qu'aux choſes qui ont quelque apparence de bonté. Et ſi on étoit aſſûré que ce qu'on a déjà fait fût mauvais, on en auroit du repentir non pas ſeulement du Remors. Or l'uſage de cette Paſſion, eſt de faire qu'on examine ſi la choſe dont on doute eſt bonne ou non, & d'empêcher qu'on ne

ne la fasse une autre fois , pendant III. Par.
qu'on n'est pas assûré qu'elle soit bonne. Mais pource qu'elle présuppose le
mal , le meilleur seroit qu'on n'eût
jamais sujet de la sentir : & on la peut
prévenir par les mêmes moiens , par
lesquels on se peut exempter de l'Irrésolution.

DE LA MOCQUERIE.

LA Derision ou Moquérie est *une* XXX.
espéce de Joie mêlée de Haine , qui Sa Défini-
vient de ce qu'on apperçoit quelque petit tion.
mal en une personne , qu'on pense en
être digne. On a de la Haine pour ce
mal , & on a de la Joie de le voir en
celui qui en est digne ; & lors que celà
survient inopinément , la surprise de
l'Admiration est cause qu'on s'éclate
de rire , suivant ce qui a été dit ci-dessus de la nature du ris. Mais ce mal
doit être petit : car s'il est grand , on
ne peut croire que celui qui l'a en soit
digne , si ce n'est qu'on soit de fort
mauvais naturel , ou qu'on lui porte
beaucoup de Haine.

Et on voit que ceux qui ont des dé- XXXI.
fauts fort apparens , par exemple qui *Pourquoi*
sont boiteux , borgnes , bossus , ou *les plus im-*
qui ont reçu quelque affront en public, *parfaits ont*
coutume
I 2   sont *d'être les*
plus moc-
quents.

III. Par. font particuliérement enclins à la moquerie. Car defirant voir tous les autres auffi difgraciez qu'eux , ils font bien-aifes des maux qui leur arrivent, & ils les en eftiment dignes.

XXXII.
De l'ufage de la Raillerie.
Pour ce qui eft de la Raillerie modefte, qui reprend utilement les vices en les faifant paroître ridicules, fans toutefois qu'on en rie foi-même , ni qu'on témoigne aucune haine contre les perfonnes, elle n'eft pas une Paffion, mais une qualité d'honnête homme, laquelle fait paroître la gaieté de fon humeur, & la tranquillité de fon ame, qui font des marques de vertu , & fouvent auffi l'adreffe de fon efprit, en ce qu'il fait donner une apparence agréable aux chofes dont il fe mocque.

XXXIII.
De l'ufage du Ris en la raillerie.
Et il n'eft pas deshonnête de rire lors qu'on entend les railleries d'un autre ; même elles peuvent être telles, que ce feroit être chagrin de n'en rire pas. Mais lors qu'on raille foi-même, il eft plus féant de s'en abftenir , afin de ne fembler pas être furpris par les chofes qu'on dit , ni admirer l'adreffe qu'on a de les inventer ; Et celà fait qu'elles furprennent d'autant plus ceux qui les oyent.

DE

DE L'ENVIE.

CE qu'on nomme communément *Envie, est un vice qui consiste en une perversité de nature, qui fait que certaines gens se fâchent du bien qu'ils voient arriver aux autres hommes.* Mais je me sers ici de ce mot, pour signifier une Passion qui n'est pas toûjours vicieuse. L'Envie donc entant qu'elle est une Passion, *est une espéce de Tristesse mêlée de Haine, qui vient de ce qu'on voit arriver du bien à ceux qu'on pense en être indignes.* Ce qu'on ne peut penser avec raison, que des biens de fortune. Car pour ceux de l'ame, ou même du corps, entant qu'on les a de naissance, c'est assez en être digne, que de les avoir reçûs de Dieu avant qu'on fût capable de commettre aucun mal.

Mais lors que la fortune envoie des biens à quelqu'un, dont il est véritablement indigne, & que l'Envie n'est excitée en nous, que pource qu'aimant naturellement la justice, nous sommes fâchez qu'elle ne soit pas observée en la distribution de ces biens, c'est un zéle qui peut être excusable ; principalement lors que le bien qu'on envie à

XXXIV.
Sa Défini-
tion entant
que vice, &
que Pas-
sion.

XXXV.
Comment
elle peut
être juste
ou injuste.

I 3   d'au-

III.Par. d'autres , est de telle nature qu'il se peut convertir en mal entre leurs mains: comme si c'est quelque charge ou office , en l'exercice duquel ils se puissent mal comporter. Même lors qu'on desire pour soi le même bien , & qu'on est empéché de l'avoir , parce que d'autres qui en sont moins dignes le possédent , cela rend cette passion plus violente ; & elle ne laisse pas d'être excusable , pourvû que la haine qu'elle contient , se rapporte seulement à la mauvaise distribution du bien qu'on envie , & non point aux personnes qui le possédent , ou le distribuent. Mais il y-en a peu qui soient si justes , & si généreux , que de n'avoir point de Haine pour ceux qui les préviennent , en l'aquisition d'un bien qui n'est pas communicable à plusieurs , & qu'ils avoient desiré pour eux-mêmes , bien que ceux qui l'ont aquis en soient autant ou plus dignes. Et ce qui est ordinairement le plus envié , c'est la gloire. Car encore que celle des autres n'empêche pas que nous n'y puissions aspirer , elle en rend toutefois l'accès plus difficile , & en renchérit le prix.

XXXVI.
D'où vient que les Envieux sont sujets à avoir le teint plombé.
  Au reste il n'y a aucun vice qui nuise tant à la félicité des hommes , que

cc-

celui de l'envie. Car outre que ceux III. Par.
qui en font entachez s'affligent eux-
mêmes, ils troublent auffi de tout leur
pouvoir le plaifir des autres. Et ils ont
ordinairement le teint plombé, c'eft-
à-dire pâle, mêlé de jaune & de noir,
& comme de fang meurtri, d'où vient
que l'Envie eft nommée *livor* en latin.
Ce qui s'accorde fort bien avec ce qui
a été dit ci-deffus, des mouvemens
du fang en la Trifteffe & en la Haine.
Car celle-ci fait que la bile jaune qui
vient de la partie inférieure du foie, &
la noire qui vient de la rate, fe ré-
pandent du cœur par les artéres en
toutes les veines ; & celle-là fait que
le fang des veines a moins de chaleur,
& coule plus lentement qu'à l'ordinaire, ce qui fuffit pour rendre la couleur livide. Mais pource que la bile
tant jaune que noire, peut auffi être
envoiée dans les veines par plufieurs
autres caufes, & que l'Envie ne les y
pouffe pas en affez grande quantité pour
changer la couleur du teint, fi ce n'eft
qu'elle foit fort grande & de longue
durée, on ne doit pas penfer que tous
ceux en qui on voit cette couleur y
foient enclins.

DE LA PITIE'.

XXXVII.
Sa Défini-
tion.

LA Pitié est *une espéce de Tristesse ;* mêlée *d'amour ou de bonne volonté* envers *ceux à qui nous voions souffrir* quelque mal *, duquel nous les estimons* indignes. Ainsi elle est contraire à l'Envie à raison de son objet , & à la Moquerie , à cause qu'elle le considére d'autre façon,

XXXVIII.
Qui sont les plus pi-toiables.

Ceux qui se sentent fort foibles, & fort sujets aux adversitez de la fortune , semblent être plus enclins à cette passion que les autres , à cause qu'ils se représentent le mal d'autrui comme leur pouvant arriver ; & ainsi ils sont émûs à la Pitié , plûtôt par l'Amour qu'ils se portent à eux-mêmes , que par celle qu'ils ont pour les autres.

XXXIX.
Comment les plus gé-néreux sont touchez de cette Pas-sion.

Mais néanmoins ceux qui sont les plus généreux , & qui ont l'esprit le plus fort , en sorte qu'ils ne craignent aucun mal pour eux , & se tiennent au-delà du pouvoir de la fortune , ne sont pas exemts de Compassion , lors qu'ils voient l'infirmité des autres hommes , & qu'ils entendent leurs plaintes. Car c'est une partie de la Générosité , que d'avoir de la bonne volonté pour un chacun. Mais la Tristesse

de

de cette Pitié n'est pas amére ; & com- III. PAR.
me celle que cauſent les actions fune-
ſtes qu'on voit repréſenter ſur un théatre , elle eſt plus dans l'extérieur &
dans le ſens , que dans l'intérieur de
l'ame , laquelle a cependant la ſatisfaction de penſer , qu'elle fait ce qui
eſt de ſon devoir , en ce qu'elle com-
patit avec des affligez. Et il y a en celà
de la différence , qu'au lieu que le vulgaire a compaſſion de ceux qui ſe plai-
gnent , à cauſe qu'il penſe que les maux
qu'ils ſouffrent ſont fort fâcheux ; le
principal objet de la Pitié des plus
grands hommes , eſt la foibleſſe de
ceux qu'ils voient ſe plaindre ; à cauſe qu'ils n'eſtiment point qu'aucun accident qui puiſſe arriver , ſoit un ſi
grand mal , qu'eſt la Lâcheté de ceux
qui ne le peuvent ſouffrir avec con-
ſtance : Et bien qu'ils haïſſent les vices , ils ne haïſſent point pour celà
ceux qu'ils y voient ſujets ; ils ont
ſeulement pour eux de la Pitié.

Mais il n'y a que les eſprits malins XL.
& envieux , qui haïſſent naturelle- *Qui ſont*
ment tous les hommes , ou bien ceux *ceux qui*
qui ſont ſi brutaux , & tellement aveu- *n'en ſont*
glez par la bonne fortune , ou deſeſ- *point tou-*
pérez par la mauvaiſe , qu'ils ne pen- *chez.*
ſent point qu'aucun mal leur puiſſe
plus arriver , qui ſoient inſenſibles à la
Pitié. Au

III. PAR.
XLI.
Pourquoi cette paſſion excite à pleurer.

Au reſte on pleure fort aiſément en cette Paſſion, à cauſe que l'amour envoiant beaucoup de ſang vers le cœur, fait qu'il ſort beaucoup de vapeurs par les yeux ; & que la froideur de la Triſteſſe, retardant l'agitation de ces vapeurs, fait qu'elles ſe changent en larmes, ſuivant ce qui a été dit ci-deſſus.

DE LA SATISFACTION DE SOI-MEME.

XLII.
Ce que c'eſt que la ſatisfaction de ſoi-mê-me.

LA Satisfaction, qu'ont toûjours ceux qui ſuivent conſtamment la vertu, eſt *une habitude en leur ame, qui ſe nomme tranquillité & repos de conſcience.* Mais celle qu'on acquiert de nouveau, lors qu'on a fraîchement fait quelque action qu'on penſe bonne, eſt *une Paſſion,* à ſavoir *une eſpé-ce de Joie,* laquelle je croi être la plus douce de toutes, pource que ſa cauſe ne dépend que de nous-mêmes. Toutefois lors que cette cauſe n'eſt pas juſte, c'eſt-à-dire, lors que les actions dont on tire beauconp de ſatisfaction, ne ſont pas de grande importance, ou même qu'elles ſont vicieuſes, elle eſt ridicule, & ne ſert qu'à produire un orgueil & une arrogance impertinente.

Ce

Ce qu'on peut particuliérement remarquer en ceux, qui croiant être
Devots, sont seulement Bigots & su-
perstitieux, c'est-à-dire, qui sous ombre qu'ils vont souvent à l'Eglise,
qu'ils récitent force priéres, qu'ils portent les cheveux courts, qu'ils jeû-
nent, qu'ils donnent l'aumône, pensent être entiérement parfaits, & s'imaginent qu'ils sont si grands amis de
Dieu, qu'ils ne sauroient rien faire
qui lui déplaise, & que tout ce que
leur dicte leur Passion est un bon zêle;
bien qu'elle leur dicte quelquefois les
plus grands crimes qui puissent être
commis par des hommes, comme de
trahir des villes, de tuer des Princes,
d'exterminer des peuples entiers, pour
celà seul qu'ils ne suivent pas leurs
opinions.

III. Par.

DU REPENTIR.

LE Repentir est directement contraire à la Satisfaction de soi-même; & c'est *une espéce de Tristesse*,
qui vient de ce qu'on croit avoir fait
quelque mauvaise action; & elle est
très-amére, pource que sa cause ne
vient que de nous. Ce qui n'empêche
pas néanmoins qu'elle ne soit fort utile,

XLIII.
Ce que c'est
que le re-
pentir.

III.PAR. le , lors qu'il est vrai que l'action dont nous nous repentons est mauvaise , & que nous en avons une connoissance certaine , pource qu'elle nous incite à mieux faire une autre fois. Mais il arrive souvent , que les esprits foibles se repentent des choses qu'ils ont faites , sans savoir assûrément qu'elles soient mauvaises ; ils se le persuadent seulement à cause qu'ils le craignent , & s'ils avoient fait le contraire , ils s'en repentiroient en même façon : ce qui est en eux une imperfection digne de Pitié. Et les rémedes contre ce défaut , sont les mêmes qui servent à ôter l'Irrésolution.

DE LA FAVEUR.

XLIV.
Sa Défini-
tion.

LA Faveur est proprement *un De-*
sir de voir arriver du bien à quel-
qu'un , pour qui on a de la bonne vo-
lonté : mais je me sers ici de ce mot, pour signifier cette volonté , *entant*
qu'elle est excitée en nous , par quel-
que bonne action de celui pour qui nous
l'avons. Car nous sommes naturellement portez à aimer ceux qui font des choses que nous estimons bonnes , encore qu'il ne nous en revienne aucun bien. La Faveur en cette signification

est

est une espéce d'Amour, non point III Par.
de Desir, encore que le Desir de voir
arriver du bien à celui qu'on favorise,
l'accompagne toûjours. Et elle est ordinairement jointe à la Pitié, à cause
que les disgraces que nous voions arriver aux malheureux, sont cause que
nous faisons plus de réflexion sur leurs
mérites.

DE LA RECONNOISSANCE.

L A Reconnoissance est aussi *une es-* XLV.
péce d'Amour, excitée en nous par *Sa Défini-*
quelque action de celui pour qui nous *tion.*
l'avons, & par laquelle nous croions
qu'il nous a fait quelque bien, ou du
moins qu'il en a eu intention. Ainsi elle contient tout le même que la Faveur, & celà de plus qu'elle est fondée sur une action qui nous touche,
& dont nous avons Desir de nous re-
vancher. C'est pourquoi elle a beaucoup plus de force, principalement
dans les ames tant soit peu nobles &
généreuses.

DE L'INGRATITUDE.

XLVI.
Ce que c'est que l'ingratitude.

POur l'Ingratitude, elle n'est pas une Passion ; car la nature n'a mis en nous aucun mouvement des esprits qui l'excite : mais elle est seulement un vice directement opposé à la reconnoissance , entant que celle-ci est toûjours vertueuse , & l'un des principaux liens de la société humaine. C'est pourquoi ce vice n'appartient qu'aux hommes brutaux , & sottement arrogans , qui pensent que toutes choses leur sont dûes ; ou aux stupides , qui ne font aucune réflexion sur les bienfaits qu'ils reçoivent : ou aux foibles & abjets , qui sentant leur infirmité & leur besoin, recherchent bassement le secours des autres , & après qu'ils l'ont reçu , ils les haïssent ; pource que n'aiant pas la volonté de leur rendre la pareille , ou desespérant de le pouvoir , & s'imaginant que tout le monde est mercenaire comme eux , & qu'on ne fait aucun bien qu'avec espérance d'en être récompensé , ils pensent les avoir trompez.

DE

DE L'INDIGNATION.

L'Indignation est *une espéce de Hai-ne ou d'aversion qu'on a naturel-lement contre ceux qui font quelque mal, de quelle nature qu'il soit.* Et elle est souvent mélée avec l'envie, ou avec la pitié, mais elle a néanmoins un objet tout différent. Car on n'est indigné que contre ceux qui font du bien ou du mal aux personnes qui n'en font pas dignes ; mais on porte envie à ceux qui reçoivent ce bien, & on a Pitié de ceux qui reçoivent ce mal. Il est vrai que c'est en quelque façon faire du mal, que de posséder un bien dont on n'est pas digne. Ce qui peut être la cause pourquoi Aristote & ses suivans, supposant que l'Envie est toûjours un vice, ont appellé du nom d'*indignation* celle qui n'est pas vitieuse.

XLVII.
Ce que c'est que l'indignation.

C'est aussi en quelque façon rece-voir du mal, que d'en faire ; d'où vient que quelques-uns joignent à leur In-dignation la Pitié, & quelques autres la Moquerie ; selon qu'ils font portez de bonne ou de mauvaise volonté, en-vers ceux ausquels ils voient commet-tre des fautes. Et c'est ainsi que le ris de

XLVIII.
Pourquoi elle est quelquefois jointe à la Pitié, & quelquefois à la Moquerie.

III. PAR. de Démocrite, & les pleurs d'Héraclite ont pû proceder de même cause.

XLIX.
Qu'elle est souvent acompagnée d'Admiration, & n'est pas incompatible avec la Joie.

L'Indignation est souvent aussi acompagnée d'Admiration. Car nous avons coutume de supposer que toutes choses seront faites, en la façon que nous jugeons qu'elles doivent être, c'est-à-dire en la façon que nous estimons bonne; c'est pourquoi lors qu'il en arrive autrement, celà nous surprend, & nous l'admirons. Elle n'est pas incompatible aussi avec la Joie, bien qu'elle soit plus ordinairement jointe à la Tristesse. Car lors que le mal dont nous sommes indignez ne nous peut nuire, & que nous considérons que nous n'en voudrions pas faire de semblable, celà nous donne quelque plaisir : & c'est peut-être l'une des causes du ris, qui accompagne quelquefois cette Passion.

L.
De son usage.

Au reste l'Indignation se remarque bien plus en ceux qui veulent paroître vertueux, qu'en ceux qui le sont véritablement. Car bien que ceux qui aiment la vertu, ne puissent voir sans quelque aversion les vices des autres, ils ne se passionnent que contre les plus grands & extraordinaires. C'est être difficile & chagrin que d'avoir beaucoup d'indignation pour des choses de peu

peu d'importance ; c'eſt être injuſte, III. PAR.
que d'en avoir pour celles qui ne ſont
point blâmables ; & c'eſt être imperti-
nent & abſurde, de ne reſtreindre pas
cette Paſſion aux actions des hommes,
& de l'étendre juſques aux œuvres de
Dieu, ou de la Nature : ainſi que font
ceux, qui n'étant jamais contens de
leur condition ni de leur fortune oſent
trouver à redire en la conduite du
monde, & aux ſecrets de la Providence.

DE LA COLE'RE.

LA Colére eſt auſſi *une eſpéce de Hai- **LI.**
ne ou d'averſion, que nous avons* Sa Défini-
contre ceux qui ont fait quelque mal, tion.
*ou qui ont tâché de nuire, non pas in-
différemment à qui que ce ſoit, mais
particuliérement à nous.* Ainſi elle contient tout le même que l'Indignation,
& celà de plus qu'elle eſt fondée ſur
une action qui nous touche, & dont
nous avons Deſir de nous vanger. Car
ce Deſir l'acompagne preſque toûjours,
& elle eſt directement oppoſée à la
Reconnoiſſance, comme l'Indignation
à la Faveur. Mais elle eſt incomparablement plus violente que ces trois autres Paſſions, à cauſe que le Deſir de

K   re-

III. PAR. repouffer les chofes nuifibles, & de fe vanger, eft le plus preffant de tous. C'eft le Defir, joint à l'Amour qu'on a pour foi-même, qui fournit à la Colére toute l'agitation du fang, que le Courage & la Hardieffe peuvent caufer; & la Haine fait que c'eft principalement le fang bilieux qui vient de la rate, & des petites veines du foie, qui reçoit cette agitation, & entre dans le cœur; où à caufe de fon abondance, & de la nature de la bile dont il eft mêlé, il excite une chaleur plus âpre & plus ardente, que n'eft celle qui peut y être excitée par l'Amour, ou par la Joie.

LII.
Pourquoi
ceux qu'el-
le fait rou-
gir, font
moins à
craindre,
que ceux
qu'elle fait
pâlir.

Et les fignes extérieurs de cette Paffion font différens, felon les divers tempéramens des perfonnes, & la diverfité des autres Paffions, qui la compofent ou fe joignent à elle. Ainfi on en voit qui pâliffent, ou qui tremblent, lors qu'ils fe mettent en colére: & on en voit d'autres qui rougiffent, ou même qui pleurent. Et on juge ordinairement que la Colére de ceux qui pâliffent eft plus à craindre, que n'eft la Colére de ceux qui rougiffent: Dont la raifon eft, que lors qu'on ne veut, ou qu'on ne peut, fe vanger autrement que de mine & de paroles, on emplóie toute fa chaleur & toute fa force dès le

com-

commencement qu'on est émû ; ce
qui est cause qu'on devient rouge : outre que quelquefois le regret & la pitié
qu'on a de soi-même, pource qu'on
ne peut se vanger d'autre façon, est
cause qu'on pleure. Et au contraire
ceux qui se reservent & se déterminent
à une plus grande vangeance, deviennent tristes, de ce qu'ils pensent y être
obligez par l'action qui les met en colére ; & ils ont aussi quelquefois de la
crainte, des maux qui peuvent suivre
de la résolution qu'ils ont prise ; ce qui
les rend d'abord pâles, froids, & trem-
blans. Mais quand ils viennent après
à exécuter leur vangeance, ils se ré-
chauffent d'autant plus, qu'ils ont été
plus froids au commencement ; ainsi
qu'on voit que les fievres qui commen-
cent par froid, ont coûtume d'être les
plus fortes.

Ceci nous avertit qu'on peut distinguer deux espéces de Colére ; l'une
qui est fort prompte, & se manifeste
fort à l'extérieur, mais néanmoins qui
a peu d'effet, & peut facilement être
appaisée ; l'autre qui ne paroît pas tant
à l'abord, mais qui ronge davantage
le cœur & qui a des effets plus dange-
reux. Ceux qui ont beaucoup de bonté & beaucoup d'Amour, sont les plus
sujets à la premiére. Car elle ne vient

III. PAR.

LIII.
Qu'il y a deux sortes de Colére, & que ceux qui ont le plus de bonté sont les plus sujets à la premiére.

pas

III. Par. pas d'une profonde Haine, mais d'une prompte aversion qui les surprend, à cause qu'étant portez à imaginer, que toutes choses doivent aller en la façon qu'ils jugent être la meilleure, si-tôt qu'il en arrive autrement ils l'admirent, & s'en offensent, souvent même sans que la chose les touche en leur particulier, à cause qu'aiant beaucoup d'affection, ils s'intéressent pour ceux qu'ils aiment, en même façon que pour eux-mêmes. Ainsi ce qui ne seroit qu'un sujet d'Indignation pour un autre, est pour eux un sujet de Colére. Et pource que l'inclination qu'ils ont à aimer, fait qu'ils ont toûjours beaucoup de chaleur & beaucoup de sang dans le cœur, l'aversion qui les surprend ne peut y pousser si peu de bile, que celà ne cause d'abord une grande émotion dans ce sang. Mais cette émotion ne dure guéres; à cause que la force de la surprise ne continuë pas, & que si-tôt qu'ils s'apperçoivent, que le sujet qui les a fâchez ne les devoit pas tant émouvoir, ils s'en repentent.

LIV.
Que ce sont les ames foibles & basses, qui se laissent le plus emporter à l'autre.

L'autre espéce de Colére, en laquelle prédomine la Haine & la Tristesse, n'est pas si apparente d'abord, sinon peut-être en ce qu'elle fait pâlir le visage. Mais sa force est augmentée

tée peu-à-peu , par l'agitation qu'un III. Par.
ardent Deſir de ſe vanger excite dans
le ſang , lequel étant mêlé avec la bile qui eſt pouſſée vers le cœur , de la
partie inférieure du foie , & de la rate , y excite une chaleur fort âpre &
fort piquante. Et comme ce ſont les
ames les plus généreuſes qui ont le
plus de reconnoiſſance , ainſi ce ſont
celles qui ont le plus d'orgueil , & qui
ſont les plus baſſes & les plus infirmes,
qui ſe laiſſent le plus emporter à cette
eſpéce de Colére. Car les injures paroiſſent d'autant plus grandes , que
l'orgueil fait qu'on s'eſtime davantage ; & auſſi d'autant qu'on eſtime
davantage les biens qu'elles ôtent, leſ
quels on eſtime d'autant plus qu'on a
l'ame plus foible & plus baſſe, à cauſe qu'ils dépendent d'autrui.

Au reſte encore que cette Paſſion **L V.**
ſoit utile, pour nous donner de la vi- *Que la Gé-*
gueur à repouſſer les injures, il n'y en *néroſité*
a toutefois aucune, dont on doive évi- *ſert de re-*
ter les excès avec plus de ſoin; pour- *méde contre*
ce que troublant le jugement, ils font *ſes excès.*
ſouvent commettre des fautes , dont
on a par après du repentir, & même
que quelquefois ils empêchent qu'on
ne repouſſe ſi bien ces injures , qu'on
pourroit faire , ſi on avoit moins d'é-
motion. Mais comme il n'y a rien qui

K 3   la

III. Par. la rende plus exceſſive que l'orgueil, ainſi je croi que la Généroſité eſt le meilleur reméde qu'on puiſſe trouver contre ſes excès : pource que faiſant qu'on eſtime fort peu tous les biens qui peuvent être ôtez, & qu'au contraire on eſtime beaucoup la liberté, & l'empire abſolu ſur ſoi-même, qu'on ceſſe d'avoir lors qu'on peut être offenſé par quelqu'un, elle fait qu'on n'a que du mépris, ou tout au plus de l'indignation, pour les injures dont les autres ont coutume de s'offenſer.

DE LA GLOIRE.

LVI.
Ce que c'eſt que la Gloire.

CE que j'appelle ici du nom de Gloire, eſt *une eſpéce de Joie ; fondée ſur l'Amour qu'on a pour ſoi-même*, & qui vient de l'opinion ou de l'eſpérance qu'on a d'être loué par quelques autres. Ainſi elle eſt différente de la ſatisfaction intérieure, qui vient de l'opinion qu'on a d'avoir fait quelque bonne action. Car on eſt quelquefois loué pour des choſes qu'on ne croit point être bonnes, & blâmé pour celles qu'on croit être meilleures. Mais elles ſont l'une & l'autre des eſpéces de l'eſtime qu'on fait de ſoi-même,

auſſi-

auſſi-bien que des eſpéces de Joie. III. PAR.
Car c'eſt un ſujet pour s'eſtimer,
que de voir qu'on eſt eſtimé par les
autres.

DE LA HONTE.

LA Honte au contraire eſt *une eſ-* LVII.
péce de Triſteſſe , fondéc auſſi ſur Ce que c'eſt
l'Amour de ſoi même , & qui vient de que la
l'opinion ou de la crainte qu'on a d'être Honte.
blâmé. Elle eſt outre celà *une eſpéce*
de Modeſtie ou d'Humilité , & défian-
ce de ſoi·même. Car lors qu'on s'eſtime
ſi fort, qu'on ne ſe peut imaginer d'ê-
tre mépriſé par perſonne , on ne peut
pas aiſément être honteux.

Or la Gloire & la Honte ont mê· LVIII.
me uſage , en ce qu'elles nous inci- *De l'uſage*
tent à la vertu ; l'une par l'eſpéran- *de ces deux*
ce , l'autre par la crainte : il eſt ſeu- *Paſſions.*
lement beſoin d'inſtruire ſon jugement,
touchant ce qui eſt véritablement digne
de blâme ou de louange , afin de n'ê-
tre pas honteux de bien faire , & ne
tirer point de vanité de ſes vices , ainſi
qu'il arrive à pluſieurs. Mais il n'eſt
pas bon de ſe dépouiller entiérement
de ces Paſſions , ainſi que faiſoient
autrefois les Cyniques. Car encore
que le peuple juge très-mal ; toute-

K 4

fois

III. PAR. fois à cause que nous ne pouvons vivre sans lui, & qu'il nous importe d'en être estimez, nous devons souvent suivre ses opinions, plûtôt que les nôtres, touchant l'extérieur de nos actions.

LIX.
De l'Impudence.

L'Impudence ou l'effronterie, qui est un mépris de honte, & souvent aussi de gloire, n'est pas une Passion, pource qu'il n'y a en nous aucun mouvement particulier des esprits qui l'excite : mais c'est un vice opposé à la Honte, & aussi à la Gloire, entant que l'une & l'autre sont bonnes : ainsi que l'Ingratitude est opposée à la reconnoissance, & la cruauté à la Piété. Et la principale cause de l'effronterie, vient de ce qu'on a reçu plusieurs fois de grands affronts. Car il n'y a personne qui ne s'imagine étant jeune, que la louange est un bien, & l'infamie un mal, beaucoup plus important à la vie qu'on ne trouve par expérience qu'ils sont, lors qu'aiant reçu quelques affronts signalez, on se voit entièrement privé d'honneur, & méprisé par un chacun. C'est pourquoi ceux-là deviennent effrontez, qui ne mesurant le bien & le mal que par les commoditez du corps, voient qu'ils en jouissent après ces affronts, tout aussi bien qu'auparavant, ou même

quel-

quelquefois beaucoup mieux , à cause qu'ils font déchargez de plusieurs
contraintes , ausquelles l'honneur les
obligeoit ; & que si la perte des biens
est jointe à leur disgrace , il se trouve des personnes charitables qui leur
donnent.

III. PAR.

DU DE'GOUT, DU REGRET, ET DE L'ALLEGRESSE.

LE Dégout est *une espéce de Tristes-*
se , qui vient de la même cause
dont la Joie est venuë auparavant. Car
nous sommes tellement composez ,
que la plûpart des choses dont nous
jouissons , ne font bonnes à nôtre
égard que pour un tems , & deviennent par après incommodes. Ce qui
paroît principalement au boire & au
manger , qui ne font utiles que pendant que l'on a de l'appétit , & qui
font nuisibles lors qu'on n'en a plus ;
& pource qu'elles cessent alors d'être
agréables au goût , on a nommé cette Passion *Dégoût.*

LX.
Du Dé-
goût.

Le Regret est aussi *une espéce de*
Tristesse , laquelle a une particuliére
amertume , en ce qu'elle est toûjours
jointe à quelque Desespoir, & à la mé-
moire du plaisir que nous a donné la
Jouïs-

LXI.
Du Regret.

III. PAR. *Jouïssance*. Car nous ne regrettons jamais que les biens dont nous avons joûi, & qui sont tellement perdus, que nous n'avons aucune espérance de les recouvrer au tems & en la façon que nous les regrettons.

LXII.
De l'Allegresse.

Enfin ce que je nomme *Allegresse*, est *une espéce de Joie*, en laquelle il y a celà de particulier, que sa douceur est augmentée par la souverance des maux qu'on a soufferts, & desquels on se sent allégé ; en même façon que si on se sentoit déchargé de quelque pesant fardeau, qu'on eût long-tems porté sur ses épaules. Et je ne voi rien de fort remarquable en ces trois passions : aussi ne les ai-je mises ici, que pour suivre l'ordre du dénombrement que j'ai fait ci-dessus. Mais il me semble que ce dénombrement a été utile, pour faire voir que nous n'en omettions aucune qui fût digne de quelque particuliére considération.

REME'DE GE'NE'RAL CONTRE LES PASSIONS.

LXIII.

ET maintenant que nous les connoissons toutes, nous avons beaucoup moins de sujet de les craindre, que

que nous n'avions auparavant. Car III. PAR.
nous voions qu'elles sont toutes bonnes de leur nature, & que nous n'a-
vons rien à éviter que leurs mauvais
usages, ou leurs excès, contre lesquels les remédes que j'ai expliquez
pourroient suffire, si chacun avoit assez de soin de les pratiquer. Mais pource que j'ai mis entre ces remédes la
préméditation, & l'industrie par laquelle on peut corriger les défauts de
son naturel, en s'exerçant à séparer
en soi les mouvemens du sang & des
esprits, d'avec les pensées ausquelles
ils ont coutume d'être joints : J'avouë
qu'il y a peu de personnes qui se soient
assez préparez en cette façon, contre
toutes sortes de rencontres ; & que ces
mouvemens excitez dans le sang, par
les objets des Passions, suivent d'a-
bord si promptement des seules impressions qui se font dans le cerveau,
& de la disposition des organes, encore que l'ame n'y contribuë en aucune façon, qu'il n'y a point de sagesse huumaine qui soit capable de
leur résister, lors qu'on n'y est pas assez préparé. Ainsi plusieurs ne sauroient
s'abstenir de rire étant chatouillez, encore qu'ils n'y prennent point de plaisir. Car l'impression de la joie & de la
surprise, qui les a fait rire autrefois
pour

III. Par. pour même sujet, étant réveillée en leur fantaisie, fait que leur poumon est subitement enflé malgré eux, par le sang que le cœur lui envoie. Ainsi ceux qui sont fort portez de leur naturel aux émotions de leur Joie & de la Pitié, ou de la Peur, ou de la Colére, ne peuvent s'empêcher de pâmer, ou de pleurer, ou de trembler, ou d'avoir le sang tout émû, en même façon que s'ils avoient la fiévre, lors que leur fantaisie est fortement touchée par l'objet de quelqu'une de ces Passions. Mais ce qu'on peut toûjours faire en telle occasion, & que je pense pouvoir mettre ici comme le reméde le plus général, & le plus aisé à pratiquer contre tous les excès des Passions, *c'est que lors qu'on se sent le sang ainsi émû, on doit être averti, & se souvenir que tout ce qui se présente à l'imagination, tend à tromper l'ame, & à lui faire paroître les raisons qui servent à persuader l'objet de sa passion, beaucoup plus fortes qu'elles ne sont, & celles qui servent à la dissuader, beaucoup plus foibles.* Et lors que la Passion ne persuade que des choses, dont l'exécution souffre quelque délai, *il faut s'abstenir d'en porter sur l'heure aucun jugement, & se divertir par d'autres pensées, jusqu'à*

ce

ce que le tems & le repos ait entiérement appaisé l'émotion qui est dans le
sang. Et enfin lors qu'elle incite à des
actions , touchant lesquelles il est nécessaire qu'on prenne résolution sur le
champ , *il faut que la volonté se porte
principalement à considérer & à suivre
les raisons qui sont contraires à celles
que la Passion représente , encore qu'elles paroissent moins fortes.* Comme lors
qu'on est inopinément attaqué par
quelque ennemi , l'occasion ne permet pas qn'on emploie aucun tems à
délibérer ; mais ce qu'il me semble
que ceux qui sont accoutumez à faire
réflexion sur leurs actions peuvent toûjours , c'est que lors qu'ils se sentiront saisis de la Peur , ils tâcheront à
détourner leur pensée de la considération du danger , en se représentant
les raisons pour lesquelles il y a beaucoup plus de sûreté & plus d'honneur
en la résistance qu'en la fuite : Et au
contraire lors qu'ils sentiront que le
Desir de vangeance & la colére les incite à courir inconsidérément vers
ceux qui les attaquent , ils se sou-
viendront de penser , que c'est im-
prudence de se perdre , quand on peut
sans deshonneur se sauver ; & que si
la partie est fort inégale , il vaut mieux
faire une honnête retraite ou prendre

quar-

III. PAR.

III. Par. quartier, que s'expoſer brutalement à une mort certaine,

LXIV.

Que c'eſt d'elles ſeu-les que dé-pend tout le bien & le mal de cet-te vie.

Au reſte l'ame peut avoir ſes plaiſirs à part : Mais pour ceux qui lui ſont communs avec le corps, ils dépendent entiérement des Paſſions ; en ſorte que les hommes qu'elles peuvent le plus émouvoir, ſont capables de goûter le plus de douceur en cette vie. Il eſt vrai qu'ils y peuvent auſſi trouver le plus d'amertume, lors qu'ils ne les ſavent pas bien emploier, & que la fortune leur eſt contraire. Mais la Sageſſe eſt principalement utile en ce point, qu'elle enſeigne à s'en rendre tellement maître, & à les ménager avec tant d'adreſſe, que les maux qu'elles cauſent ſont fort ſupportables, & même qu'on tire de la Joie de tous. *

** Pour s'inſtruire à fonds ſur le ſujet des Paſſions, il eſt bon de lire enſuite ce qu'en a écrit l'Auteur de la Recherche de la vérité dans ſon 5. Livre ; où il traite cette matiére non ſeulement par rapport à la Phyſique, mais auſſi par rapport à la Métaphyſique & à la Morale.*